#TROPHY_COLLECTOR

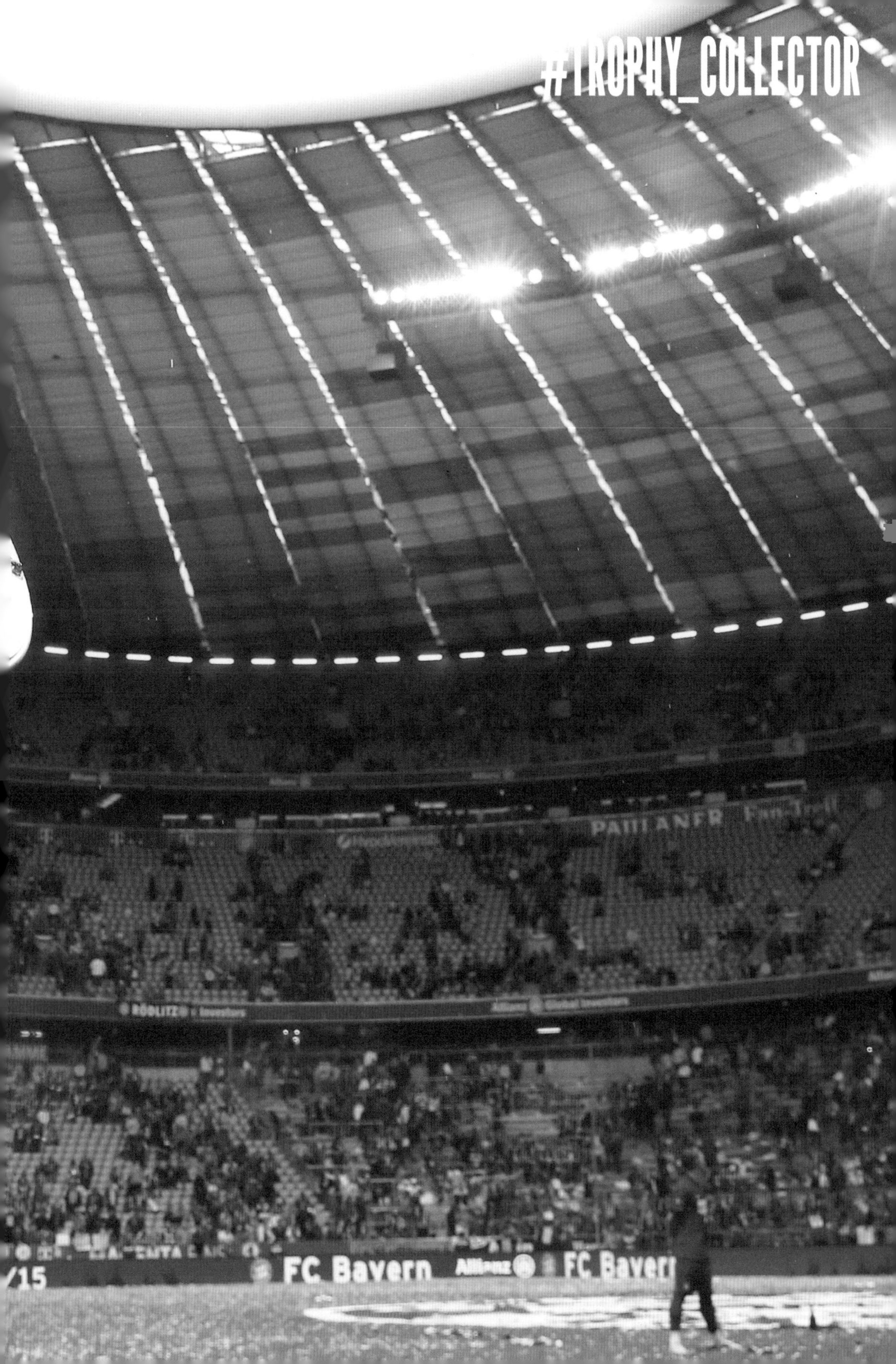

PROLOGUE

펩 과르디올라 감독은
축구 역사상 감독의 GOAT^{Greatest Of All Time}인가?

필자가 이 책을 쓰기 시작한 시점부터 이미 유럽 축구계에서 뜨거운 화두였던 질문이자, 이 책을 쓰고 있다는 사실을 알린 후 수많은 한국의 축구팬들에게 받은 질문이기도 하다. 과연, 펩 과르디올라 감독은 축구 역사를 수놓은 수많은 명장 감독들을 넘어선 존재일까?

솔직히 말하자면, 필자는 그 질문에 큰 관심이 없다. 왜냐하면 그 질문에 대한 답변은 '정답'이 있는 것이 아니라 축구 전문가 한 사람, 한 사람. 축구팬 한 사람, 한 사람의 '의견'에 달린 부분이기 때문이다. 누군가는 여전히 알렉스 퍼거슨 경 (전 맨유 감독)을 세계 최고의 감독으로 여길 것이고 또 다른 누군가는 펩 과르디올라가 이미 그를 뛰어넘었다고 생각하고 또 주장할 것이다.
그러나 필자가 큰 관심을 갖고 있는 부분이자, 이 책을 쓰면서 가장 명확하게 하고 싶었던 부분은 필자가 직접 그 질문에 대한 답을 내리고 규정을 짓는 것이 아니라, 지금 이 책의 이 글자를 두 손에 들고 읽고 있는 한국의 축구팬 한 사람, 한 사람이 모두 펩 과르디올라라는 감독, 인간, 선수의 행보를 정확하게 알고 저마다의 답을 내릴 수 있도록 돕는(어시스트하는) 일이었다.
그 과정에서 과르디올라 감독에 대해 잘못 알려진 사실이나, 제대로 알려지지 않은 사실들에 대해 확인할 수 있었고, 그런 면들을 책에 담고자 노력했다.
무엇보다도 그 질문에 대한 가장 직접적인 인물인 이 책의 주인공 과르디올라 감독 본인의 답변을 현장에서 필자가 직접 당사자에게 묻고 책에 옮길 수 있었던 경험은 참으로 행복했고 또 감사했다.
또한, 이 책은 단순히 펩이 GOAT인지 아닌지를 논하는 책이 아니라, 그의 커리어 전체, 그리고 그의 커리어에 영향을 준 그 '뿌리들'에 대한 기원을 밝혀 나가고자 한 과정에서 완성된 책이다. 그가 축구 역사상 최고의 감독이든 아니든, 그는 분명히 세계 축구 역사를 혁신하고 움직인 위대한 축구인 중 한 사람이다.
그렇기에 이 책이 그런 그의 축구인으로서의, 한 인간으로서의 발자취를 조금 더 자세하고 정확하게 아는 데에 작은 도움이 될 수 있다면 필자로서 더 이상의 바람은 없을 것이다.

한편, 이 책에서 소개한 다양한 자료, 기록, 인용구 등은 1 — 그가 일했던 구단들의 공식 자료, 2 — 그의 인생을 조명한 영어 또는 스페인어로 된 모든 다큐멘터리 영상 자료, 3 — FIFA 기술보고서 및 올림픽 공식 자료 등을 토대로 한 것임을 미리 밝히고 싶다. 특히 영상 자료를 많이 확인하고 연구한 것은, 한국에 글의 형태로 이미 전파되어 있는 기존 정보들에 의존하지 않고, 현지에서 나온, 더러는 한국에는 없거나 한국에서 전파된 것과는 다른 내용들을 새롭게 알리고 싶었기 때문이다. 특히 스페인어로 된 다큐멘터리 영상들은 이 책을 쓰는 데 큰 도움이 됐다.

PEP GUARDIOLA

PROFILE AND CAREER

NAME **호셉 과르디올라 살라**
*흔히 부르는 '펩'은 애칭이다

BIRTHDATE **1971. 1. 18**
NATIONALITY **스페인**
PHYSICAL **180cm 76kg**
PLAYER POSITION **수비형 미드필더**

PLAYER

1988-1989 **FC 바르셀로나 C**
1990-1992 **FC 바르셀로나 B**
1991-2001 **FC 바르셀로나**
2001-2002 **브레시아 칼초**
2002-2003 **AS 로마**
2003 **브레시아 칼초**
2003-2005 **알 아흘리 도하**
2005-2006 **도라도스 데 시날로아**

MANAGER

2007-2008 **FC 바르셀로나 B**
2008-2012 **FC 바르셀로나**
2013-2016 **FC 바이에른 뮌헨**
2016-PRESENT **맨체스터 시티 FC**

PEP
GUARDIOLA

FC BARCELONA

BAYERN MÜNCH

MANCHESTER CI

1988 — PRESENT

개인 타이틀

UEFA 올해의 팀 *2009, 2011*
FIFA 올해의 남자 축구 감독 *2011*
유럽 축구 올해의 감독 *2011*
유럽 축구 시즌의 감독 *2008/09*
월드 사커 올해의 감독 *2009, 2011*
옹즈도르 올해의 감독 *2009, 2011, 2012*
라리가 올해의 감독 *2009, 2010, 2011, 2012*
프리미어리그 시즌의 감독 *2017/18, 2018/19, 2020/21*
프리미어리그 이달의 감독 11회 수상
글로브 사커 어워드 올해의 감독 *2013*
올해의 카탈루냐인 *2009*
Royal Order of Sports Merit *2010*
LMA 명예의 전당 *2019*
글로브 사커 어워드 커리어 공로상 *2013*
월드 사커 선정 역대 최고의 감독 5위 *2013*
프랑스풋볼 선정 역대 최고의 감독 5위 *2019*
ESPN 선정 역대 최고의 감독 18위 *2013*
글로브 사커 어워드 21세기 최고의 감독 *2020*

FC 바르셀로나

라리가 *2008/09, 2009/10, 2010/11* 우승 *2011/12* 준우승
코파 델 레이 *2008/09, 2011/12* 우승 *2010/11* 준우승
UEFA 챔피언스리그 *2008/09 2010/11* 우승 *2009/10, 2011/12* 4강 진출
FIFA 클럽 월드컵 *2009, 2011* 우승
UEFA 슈퍼컵 *2009, 2011* 우승
스페인 슈퍼컵 *2009, 2010, 2011* 우승

바이에른 뮌헨

독일 분데스리가 *2013/14, 2014/15, 2015/16* 우승
DFB-포칼 *2013/14, 2015/16* 우승 *2014/15* 4강 진출
UEFA 챔피언스리그 *2013/14, 2014/15, 2015/16* 4강 진출
FIFA 클럽 월드컵 *2013* 우승
UEFA 슈퍼컵 *2013* 우승
DFL-슈퍼컵 *2013, 2014, 2015* 준우승

맨체스터 시티

잉글랜드 프리미어리그 *2017/18, 2018/19, 2020/21, 2021/22, 2022/23* 우승 *2019/20* 준우승 *2016/17* 3위
잉글랜드 FA컵 *2018/19, 2022/23* 우승 *2016/17, 2019/20, 2020/21, 2021/22* 4강 진출
EFL컵 *2017/18, 2018/19, 2019/20, 2020/21* 우승
UEFA 챔피언스리그 *2022/23* 우승 *2020/21* 준우승 *2021/22* 4강 진출
FA 커뮤니티 실드 *2018, 2019* 우승 *2021, 2022* 준우승

TITLES

CONTENTS

바르셀로나의 볼보이, 라 마시아

유럽 축구계에서 종종 구단의 볼보이들이 화제가 되는 일이 있다. 경기 중 볼보이와 선수의 접촉이 주목을 받는 경우도 있고, 소년 시절 볼보이였던 선수가 스타 선수가 된 후에 당시의 모습이 재조명받는 경우들도 종종 있다. 가장 많은 경우는, 그리고 상대적으로 덜 알려진 사실은, 구단의 유소년팀 선수들이 1군 팀 경기에서 볼보이 역할을 하는 경우가 많기 때문에 카메라에는 볼보이 중 한 명으로 잡혔던 그 클럽의 유소년 선수가 성장해서 스타 선수가 되는 경우다.

펩 과르디올라의 시작도 그랬다. 스페인 바르셀로나에서
태어나고 자란 펩 역시 바르셀로나 유소년팀 소속이었던
시절 많은 '바르셀로나의 볼보이'들 중 한 명이었다.
당시 프로 선수가 되기에는 너무 마른 것이 아닌가 하는
우려 어린 시선을 받기도 했던 그는 이후 유럽 축구 최고의
레전드가 직접 선택한 후계자가 되어 바르셀로나에서
최고의 선수, 최고의 감독이 됐다. 이후 그는 자신의 축구에
대한 철학과 아이디어를 다른 무대인 독일, 잉글랜드에서
펼쳐 보이며 세계 축구 역사에 남을 최고의 감독,
더 나아가 축구 역사 전체를 통틀어서도 손꼽힐 만한
아이콘 중 한 명으로 성장하게 된다. 이 책은 이미 세계
최고로 평가받고 있음에도 불구하고 여전히 '과소평가'받고
있는 선수, 감독, 그리고 인간 펩 과르디올라에 대한 책이다.
펩은 1971년 1월 18일 스페인 북동부의 자치 지방인
카탈루냐, 그 중심부이자 바르셀로나 인근에 위치한
삼페도르(카탈루냐 현지 발음)에서 태어났다. 바르셀로나로
부터 북쪽으로 약 47km, 바르셀로나 시내까지 차로 약
1시간 위치에 있는, 인구 7천 명 정도의 작은 도시에서 그는
아주 어린 나이부터 축구에 빠져서 지냈고, 로컬 클럽들에서
볼보이로 일하기도 했다. 펩의 유년기에 대한 이야기는
영어로 된 자료들보다 스페인어 원어로 된 현지 서적 혹은
오래된 영상 자료들에서 가장 생생하게 접할 수 있다.
그의 탄생과 성장에 대한 가장 빠른 시점의 설명은 역시
그의 친모인 돌로스 살라 여사로부터 확인할 수 있다.
살라 여사는 스페인 현지에서 스페인어로 녹화된 아주
오래된 한 다큐멘터리 영상에서 다음과 같이 말했다.

**펩은 어린 시절부터 잠시도 발길질을 멈추질 않았어요.
제 배 속에 있었을 때부터 말이죠. 그것만 빼면 펩은 항상
조용하고 착한 아이였습니다. 걸음마를 떼고 자라면서 점점
축구공을 갖고 노는 시간이 많아졌고 나중에는 집 근처의
광장에서 하루 종일 축구를 하며 놀았죠. 종종 이웃들이
시끄럽다고 항의를 하기도 했지만 그와 친구들은 축구를
멈추질 못했어요.**

그의 친부인 발렌티 과르디올라 역시 아들에 대한
다큐멘터리 방송에 직접 출연해서 아래와 같이 말했다.

**펩은 어린 시절 거의 문제를 일으킨 적이 없는 착하고
성실한 아이였어요. 그는 어릴 때부터 운동을 좋아했고**

실제로 항상 축구공을 갖고 놀았죠. 거의 항상 축구공을
갖고 놀았어요.
어느 날 친구들과 식사를 하던 중에 한 친구가 펩이 정말
축구를 잘하는 것 같다면서 바르셀로나의 스카우트들과
만나 보면 어떻겠느냐고 제안을 했어요. 그래서 그들과
만나기로 했죠. 세 번, 네 번, 다섯 번 정도 잠깐 만나서
훈련하는 모습을 보여 줬더니 나중에 바르셀로나에서
정식으로 연락이 오더군요.

그의 '축구 인생'이 본격적으로 시작된 것은 그가 13세가
되던 해의 일이었다. 다만, 그의 친모의 말에 의하면
과르디올라는 그보다 앞선 11세에 이미 라마시아 합류
권유를 받았던 적이 있었고 부부의 논의 끝에 아직 너무
어리다며 다른 도시로 아들을 보내기를 거절한 적이 있었다.
13세가 되던 해에 라마시아에서 다시 한번 권유가 왔고,
그때가 바로 과르디올라와 바르셀로나의 긴 인연이
본격적으로 시작된 해였다. 그렇게 그는 오늘날 전설적인

BARCELONA
a Masia

Temporada 1.996-97

H. BABANGIDA 'Baba'

M. A. BELTRÁN 'Beltrán'

J. BERMÚDEZ 'Jose'

G. GARCÍA 'Gabri'

A. INIESTA 'Andrés'

A. JORQUERA 'Albert'

J. M. MENA 'Kuqui'

A. MORAGUES 'Alex'

M. PEREIRO 'Moisés'

E. RUIZ 'Emilio'

F. J. RUIZ 'Javi'

F. SÁNCHEZ 'Curro'

Guardiola

세계 최고의 유소년 아카데미로 알려진 바르셀로나 유소년 축구팀 '라마시아'에 입단했고 그 이후로 거의 모든 시간을 라마시아에서 축구를 배우는 데 썼다. 참고로, 과르디올라가 라마시아에 입단할 때까지 결정적인 역할을 한 인물이자 바르셀로나라는 구단 전체에서도 중요한 역할을 한 두 명의 인물이 있었다. 과르디올라의 재능을 처음 발견하고 바르셀로나에 추천했던 인물은 당시 과르디올라가 태어나고 자란 지역을 담당하던 바르셀로나의 스카우트이자 축구 주심으로도 활동하던 인물이었다. 이후 두 명의 중요한 인물이 과르디올라의 플레이를 보고 이 선수를 반드시 라마시아로 데려와야 한다고 추천했다.

먼저 바르셀로나에 반드시 과르디올라를 직접 보라고 강력하게 추천한 인물은 바르셀로나에서 30년 넘는 시간 동안 일한 끝에 훗날에는 구단의 대변인 역할까지 맡게 되는 카를레스 나발(Carles Naval)이었다. 그는 "이 아이는 아주 작긴 하지만, 비전이 뛰어나서 모든 것을 예측할 수 있는 능력이 있다. 반드시 이 선수를 지켜봐야 한다"라고 했다.

당시 과르디올라의 나이는 겨우 11세였다. 나발의 말은 아직 11세에 불과했던 과르디올라에게 이미 축구를 보는 남다른 눈이 있었다는 최초의 증언이다.

그의 추천을 받은 바르셀로나는 당시 바르셀로나 최고의 스카우트 중 한 명이었고 라마시아에 가장 중요한 역할을 해서 훗날 라마시아 센터의 이름이 되는 오리올 토르트(Oriol Tort)를 직접 파견해서 그를 살펴보게 했다.

토르트는 과르디올라에 대한 보고서에서 "이 아이는 마치 찰리 채플린*처럼 걷기는 하지만 그가 아주 중요한 선수가 될 수 있을 것 같다"고 썼다.

그가 라마시아에 이제 막 입단했을 당시 바르셀로나에서 코치로 일하고 있었고 훗날 리오넬 메시와 유명한 '냅킨

---

* 찰리 채플린은 영국 출신으로 20세기 세계사를 대표하는 유명한 코미디언이다. 소년 시절 과르디올라가 너무 마르고 왜소해서 그의 뛰는 모습이 찰리 채플린 같았다라는 묘사는 영어권 국가들에서 종종 찾아볼 수 있는 기록이다.

> "
> 과르디올라는 아주 어린 나이부터
> 내 눈길을 사로잡았는데 그는 원터치, 투터치로
> 모든 플레이를 할 수 있는 능력이 있었습니다.
> 그건 그 나이대의 어린 선수들에게는
> 아주 드문 능력이죠. 그 점에서 그는 다른 모든
> 어린 선수들과 차별성이 있었습니다.
> "

REXACH

계약'을 맺어 메시가 바르셀로나에 입단하는 데
결정적인 역할을 했던 카를레스 렉사흐는
과르디올라의 첫 인상에 대해 다음과 같이 말했다.

과르디올라의 라마시아 시절, 그는 당시 코치진과
주변으로부터 '기술은 있지만 너무 연약한 선수'라는
우려 섞인 평가를 받았었다. 그에 더해서 현재의 그를
보면 상상하기 어렵지만, 13세의 과르디올라는
처음으로 부모와 떨어져서 지내는 생활에 적응하지
못했다. 주말 하루만 부모님과 시간을 보낸 후
다시 라마시아에서 지내기 위해 헤어질 때 눈물을
훔치기도 했던 여린 소년이었다.

과르디올라의 유년기에 대해 취재했던 기자나 그의
전기를 쓴 작가들은 대부분 어린 시절 부모와
떨어져서 지내야 했던 과르디올라의 경험이 그때까지
연약한 소년이었던 그가 오늘날의 강인한 면모를
갖추게 되는 데 도움이 됐다고 평가한다.

훗날 프로 선수가 되어서도 비슷했지만 라마시아
시절 그는 피지컬적인 능력이나 1 대 1 능력에
뛰어난 강점이 있는 선수는 아니었다. 특히 그는
라마시아 졸업에 가까워졌던 시기까지 다른 선수들에
비해 너무 키가 크지 않아서 과연 이 소년이 프로
선수가 될 수 있을지 의문부호가 따라다녔었다.

다만 그가 다른 유소년 선수들보다 뛰어났던 점은
빠른 두뇌회전과 그에 동반되는 빠른 판단에 의한
패스 능력, 그리고 경기의 흐름을 이해하는
능력이었다. 이 장점들은 이후 프로선수, 더 나아가
감독이 된 후에도 그의 팀에서 고스란히 드러나는데
어쩌면 선천적으로 피지컬적인 능력이 또래
선수들보다 부족했다는 조건 그 자체가, 그 이외의
다른 면들, 즉 기술적이고 전술적으로 축구를 풀어
나가는 능력을 개발하는 데 자연스러운 도움이
되었을 수도 있고, 혹은 그 능력은 그가 타고난
천부적인 능력이었을 수도 있다.

과르디올라는 라마시아를 거쳐 서서히 성장하며 계속
준비를 이어 가게 된다. 그에 대한 기대와 우려가
교차하던 중에 주변의 우려와는 반대로 과르디올라를
직접 보고 그를 과감하게 1군 팀에 기용한 인물이
있었는데, 그것이 바로 축구 역사상 유럽 축구계
최고의 레전드인 요한 크루이프였다.

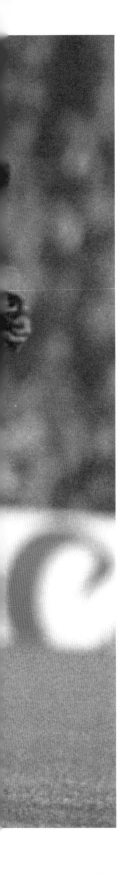

크루이프의 후계자
: 바르셀로나 '드림팀'의 기둥

나는 크루이프를 만나기 전에는 축구에 대해 아무것도 몰랐다.

라마시아, 바르셀로나 C, B팀을 거쳐 성장 중이던 과르디올라에게 1군 데뷔의
기회가 찾아온 것은 1990년의 일이었다. 당시 바르셀로나의 스타 선수였던 미카엘
라우드럽의 회고에 의하면, 그 당시 바르셀로나는 1군 팀에 부상자가 많아 고민이
깊었고, 실제로 현재까지도 바르셀로나 역사상 최고의 미드필더 중 한 명으로
손꼽히는 기예르모 아모르의 부상으로 인해 그의 대체 자원을 구해야 하는 상황에
놓여 있었다. 이 상황에서, 아약스 유스를 거쳐 아약스를 세계 최고의 팀으로 만든
후 감독으로서 바르셀로나에서 일하고 있던 요한 크루이프는 외부가 아닌 유소년
팀에서 그 해법을 찾았다. 이때 크루이프 감독이 처음 과르디올라를 발탁하는
과정에 대해서는 스페인과 영국에서 서로 약간 해석이 다른 몇 가지 설이
존재하지만, 크게 정설로 여겨지는 것은 두 가지 이야기가 있다.
그중에서 첫 번째는 당시 유소년팀 감독이었고 과르디올라의 라마시아 시절,
또 훗날 리오넬 메시의 바르셀로나 계약에 큰 역할을 했던 카를레스 렉사흐가
크루이프에게 수차례 과르디올라를 추천해서 그 결과 크루이프가 유소년 팀의
경기를 직접 지켜본 후 과르디올라를 발탁했다는 설이다.
또 다른 하나의 설은 영국 출신으로 스페인에서 살며 다수의 축구 서적을 쓴 작가
필 볼(Phil Ball)이 그의 저서 스페인 축구의 이야기(The Story of Spanish Football)

에서 기록한 내용을 기반으로 하는 것으로 다음과 같다.
당시 바르셀로나가 1군 선수들의 부상 문제를 겪고 있던
와중에 유소년 선수들의 훈련하는 모습을 지켜보던
크루이프의 눈에 들어온 선수가 다름 아닌 과르디올라였다.
그리고 크루이프는, 과르디올라가 훗날 감독이 되어 아주
많이 시도했던 것처럼 1군 데뷔 전부터 과르디올라에게
포지션 변경을 시도했다. 크루이프 감독이 바르셀로나
유소년팀의 경기를 지켜보다가 오른쪽 미드필더로 뛰고
있던 선수를 보며 저게 누구냐고 물었는데 그게 바로

과르디올라였고, 크루이프 감독이 과르디올라의 포지션을
중앙으로 바꿔 보라고 하자 곧바로 아무 문제 없이
플레이하는 그를 보고 1군으로 콜업했다는 이야기다.
두 가지 설에 약간의 차이는 있지만 큰 관점에서 보자면
크루이프 감독이 과르디올라의 능력을 보고 1군에서 뛸 수
있는 선수라 판단해 발탁했다는 점은 같다.
과르디올라는 크루이프의 지도 속에 1군 선수로서
본격적으로 성장하게 되고 먼 훗날 감독이 된 후 자신이
크루이프 감독하에서 했던 것을 그대로 자신의 선수들에게

MY TURN

요한 크루이프 자서전 '마이턴' 중

1 토털풋볼은 선수 개개인의 능력은 기본이고 선수 간 거리와 포지셔닝을 가장 중요하게 생각하는 축구다. 그것이 모든 전술의 토대다. 간격과 포메이션을 제대로 잡고 나면 모든 것이 맞아떨어진다. 또한 토털풋볼은 강력한 규율을 토대로 한다. 독자적으로 슈팅을 하는 공격수가 있어선 안 된다. 그래서는 토털풋볼이 되지 않는다. 한 선수가 상대 선수를 압박하기 시작하면 다른 모든 선수가 그에 맞춰 움직이는 것이 토털풋볼이다.

2 모든 선수가 소유권을 가질 때마다 공간을 창조해야 한다는 생각으로 움직여야 하고, 소유권이 없을 때는 더 서로 간의 간격을 좁게 유지하며 플레이해야 한다. 그렇게 하려면 반드시 모든 선수들이 동료의 위치를 의식하며 뛰어야 하고, 즉 한 선수가 뛰기 시작하면 다른 모든 선수가 그에 따라 움직여야 한다.

3 나는 피치 위에 가만히 서 있는 선수를 볼 때마다 너무나 화가 난다. 나에게 그런 플레이는 존재할 수가 없다. 자기 팀이 공을 소유하고 있을 때는 열한 명 전원이 움직여야 한다. 계속해서 최적의 간격을 찾아야 한다. 얼마나 많이 뛰느냐가 아니라 어디로 뛰느냐의 문제다. 계속해서 삼각형을 이루어야만 공을 뺏기지 않고 이어 갈 수 있다.

가르치며 가는 곳마다 팀을 세계 최정상으로 이끌고 있다. 크루이프는 단지 과르디올라를 1군으로 승격시킨 것에 그치지 않고 계속해서 그를 지켜보고 그에게 질문을 던지며 가까이서 감독이자 멘토로서의 역할을 했다. 그래서 과르디올라가 선수로서, 특히 훗날 감독으로서 실제로 피치 위에서 구현하게 되는 축구도 그 뿌리는 크루이프에 있다고 해도 결코 무리가 없다.

크루이프 감독의 축구 철학에 대해서 가장 정확하고 직접적으로 파악할 수 있는 방법은 그가 직접 쓴 자서전

마이턴(My Turn)에서 자기 스스로 설명한 대목들을 확인해 보는 것이다. 필자는 크루이프 감독의 자서전을 직접 번역했는데 현재 독자들이 읽고 있는 이 책을 완성하기 전 참고를 하기 위해 다시 크루이프 감독의 책을 봐도, 전술에 대해서 설명하는 대목들은 그 책이 '크루이프의 자서전'이라는 것을 가리고 대신 과르디올라 감독이 쓴 책이라고 해도 사람들이 믿을 정도로 흡사한 부분들이 많다.
크루이프 감독의 자서전은 책 전반적으로 전술에 대해 설명하고 있는 부분들이 많지만 그중에서도 가장 대표적인 대목은 다음과 같다.

크루이프 본인이 직접 정리한 말 그대로, 크루이프 축구 철학의 핵심 키워드는 1) 포지셔닝 2) 규율 3) 소유 4) 간격 5) 위치 6) 압박 7) (끝없는) 움직임 그리고 그 위에 더해지는 8) 패스 그리고 그로 인해 구현되는 9) 공격적인 축구다.
과르디올라 감독은 크루이프의 철학을 다른 시대, 다른 팀, 다른 환경에서 자신의 색깔을 더해 구사했지만 큰 뿌리는 같다고 볼 수 있으며 과르디올라 감독이 항상 강조하는 '점유와 패스'(Take the ball, Pass the ball)라는 키워드는 영어권 국가에서 과르디올라 감독의 다큐멘터리 제목으로 사용되기도 했다. 굳이 두 감독의 전술적 차이점을 찾자면 과르디올라 감독이 조금 더 철학적인 부분에 대한 고집보다는 현실적 목표를 위한 유연성이 높다는 것이지만 큰 관점에서 볼 때 축구 역사상 가장 위대한 '스승과 제자' 중 하나인 이 두 사람은 늘 연결되어 있다.
크루이프는 펩에게 많은 것을 가르쳤지만, 아마도 그중에서 가장 중요했던 가르침은 끊임없이 질문하고 스스로 생각하는 습관과 능력이었다. 펩은 크루이프에게 처음 축구를 배웠던 시절에 대해 스페인 출신의 작가이자 저명 기자인 기엠 발라게와 BBC를 통해 가진 인터뷰에서 다음과 같이 말했다.

많은 감독들을 만났지만 크루이프는 나에게 가장 큰 영향을 준 감독이었다. 그는 특별한 사람이었다. 그는 나와 동료들에게 축구의 아주 깊은, 기본적인 이야기들을 해 줬는데 그것이 아주 오래 기억에 남았다. 그는 내가 축구를 사랑하도록 만들어 줬고 이해하게 만들어 줬다. 그는 축구를 바라보는 자신의 방식을 나와 나의 동료들에게 가르쳐 줬고 그가 말하는 축구는 매우 매력적이었다. 그는 나에게 항상 '왜'라는 질문을 던졌고 나로 하여금

모든 것의 이유를 생각하게 만들었다. 내가 경기 중
측면으로 패스를 하거나 공격형 미드필더에게 패스를
한 장면에 대해서도 왜 그 선택을 했는지를 물었고 그럼
나는 그와 이야기를 나누면서 그것이 최선의 선택이었는지,
더 나은 선택은 없었는지를 생각했다. 매일 그렇게 했다.
그러면서 새로운 시각을 갖게 되고, 더 나은 선수가 되기
위한 방법을 찾게 됐다. 그때 그가 나에게 가르쳐 준 것들은
지금도 나의 핏속에 흐르고 있다.

참고로 오늘날까지도 맨시티의 훈련에서, 또 많은 다른
클럽의 훈련에서 사용되는 '론도(Rondo)' 훈련도
과르디올라가 크루이프로부터 직접 배운 훈련 방식이었다.
겉에서 보면 편하게 몸을 푸는 것같이 보일지 모르지만
적어도 크루이프와 과르디올라에게 론도 훈련은 단순한
워밍업이 아닌 볼컨트롤 능력과 패스 능력, 집중력을
동시에 키우는, 그들이 선수를 지도하고 육성하는 가장
기본이 되는 훈련 방식이었다.
그렇게 축구 역사상 가장 위대한 레전드 중 한 명인
크루이프의 선택을 받아 그의 아래서 1군 무대에 데뷔하게
된 과르디올라가 본격적으로 팀에서 두각을 드러내기
시작한 것은 1991/92시즌이었고 과르디올라는 이 시즌
모든 대회 통합 총 42경기에 출전했다(바르셀로나 공식
홈페이지 선수 기록 기준). 당시 과르디올라의 포지션인
'피벗(Pivot : '피보테'라고도 불리는)'은 크루이프가 원하는
축구가 피치 위에서 구현되는 데 가장 중요한 포지션 중
하나였다. 수비와 공격의 연결고리이자 그 포지션의 선수가
공격의 시작점이 되는 경우가 많았기 때문이다.
그리고 이 시즌은 다름 아닌 그 유명한 바르셀로나의
'드림팀'이 본격적으로 출범했던 시기였다. 20세의 젊은
미드필더 과르디올라는 아직 어린 나이에도 불구하고
미드필드와 수비진 사이에서 팀에 창의력을 불어넣어 줬고
결국 이 시즌 바르셀로나는 팀의 핵심 수비수였던 로널드
쿠만의 골에 힘입어 유로피언컵 결승전(챔피언스리그의
전신)에서 삼프도리아를 꺾고 첫 우승을 차지하게 된다.
과르디올라 역시 이 결승전에 선발 출전했다.
같은 시즌, 크루이프 감독이 이끌고 과르디올라가 뛴
'드림팀'은 리그에서도 극적인 우승을 만들어 냈다. 리그
마지막 경기까지 1위 레알 마드리드에 뒤처지고 있었지만,
마지막 경기에서 레알 마드리드가 패하고 바르셀로나가
승리하면서 승점 1점 차의 극적 우승을 만들어 낸 것.

과르디올라는 이 시기 1991/92시즌에 뛰어난 활약을
보였고, 그에 이어진 1992년 여름 올림픽에 주장으로
출전해 스페인의 첫 올림픽 우승에 큰 기여를 하며 빠른
시기에 유럽 최고의 젊은 미드필더로 올라섰다. 바르셀로나
공식 홈페이지에 지금도 남아 있는 공식 기록에 따르면,
과르디올라는 이해 당시 이탈리아 매체에서 최고의 21세
이하 선수에게 수여하던 '브라보 트로피'를 수상했고,
1992년 올림픽에서도 최우수 선수에 뽑혔다.
크루이프 감독의 '드림팀'은 총 네 시즌 연속 라리가 우승을
차지했고 이 기간 동안 크루이프 감독의 바르셀로나는
스페인, 유럽 축구의 혁신과 우승 트로피라는 두 마리
토끼를 모두 붙잡으며 바르셀로나 구단 역사상 최고 중 한
팀으로 인정받았다. 참고로, 바르셀로나에서 역대 최고의

The Dream Team's
TROPHYHAUL

4	**La Liga** 라리가 우승 4회 : 4년 연속 우승
3	**Spanish Super Cup** 스페인 슈퍼컵 우승 3회
1	**European Cup** 유러피언컵 우승 1회 : 구단 역사상 첫 우승
1	**UEFA Cup Winner's Cup** UEFA 컵 위너스 컵 대회 우승 1회
1	**Copa del Rey** 코파델레이 우승
4	**UEFA Super Cup** UEFA 슈퍼컵 우승

크루이프의 드림팀 우승 트로피 총합

FC BARCELONA 1 : 0 UC SAMPDORIA

1991/92 유로피안컵 결승전 라인업

팀으로 불리는 2개의 팀 중 다른 한 팀은 다름 아닌
과르디올라가 감독이 된 후 완성했던 팀인데 이 두 팀을
비교하는 언론에 대해 과르디올라는 다음과 같이 말했다.

**우리가 얼마나 많은 우승을 하더라도, 선구자와
비교할 수는 없다. 우리는 결코 오랫동안 성공하지 못했던
시기를 끝내고 성공을 거둔 크루이프 감독의 드림팀과는
비교할 수 없다. 그 팀 이후로 판 할, 레이카르트, 그리고
나의 팀이 그 위에 더 많은 우승을 더하긴 했지만,
이 모든 팀들은 크루이프 감독의 '드림팀'이 없었다면
존재하지 못했을 것이다.**

과르디올라의 선수 시절에 큰 분기점이 된 것은 역시
크루이프 감독이 바르셀로나를 떠난 일이었다. 크루이프가
떠난 후 바르셀로나는 잉글랜드와 뉴캐슬의 전설적인 감독
보비 롭슨 감독을 선임했다가, 그 후 크루이프 감독과
앙숙으로 유명한 루이스 판 할 감독을 선임했는데
아이러니하게도 과르디올라가 팀의 주장이 된 것은 판 할
감독이 부임한 후였다. 판 할 감독은 크루이프 감독과 같은
네덜란드 출신으로 축구 감독 세계에서 가장 유명한 앙숙인
인물이다.*

크루이프 감독이 떠난 후 바르셀로나 선수단에는 큰 변화가
있었고 그중에 과르디올라 역시 파르마로부터 제안을
받았으나 바르셀로나와의 긴 협상 끝에 팀에 잔류했다.
그러나 그 무렵부터 과르디올라의 선수생활에 큰 변화가
오게 된다. 가장 결정적이었던 것은 1997/98시즌 사이 거의
1년 가까이 지속됐던 그의 부상이었다. 바르셀로나 구단과
당시 바르셀로나 전문의들조차 정확한 문제가 무엇인지
파악하기가 어려운 부상이었고 당초 가벼운 햄스트링
부상으로 여겨졌던 그 부상으로 인해 과르디올라는 거의
1년 가까이 뛰지 못했다. 그의 가족의 말에 의하면 그 시기
과르디올라는 성격까지 의기소침해질 정도로 힘든 시간을
보냈다. 그리고 비슷한 시기부터 바르셀로나에서 떠오르기
시작한 새로운 미드필더가 다름 아닌 사비 에르난데스였다.
경기 중 과르디올라와 교체되어 사비가 들어가는 장면도

12 SEASONS	389 OFFICIAL MATCHES	30437 MINUTES PLAYED
1988-89	0	0
1990-91	6	413
1991-92	42	3222
1992-93	39	3092
1993-94	48	3825
1994-95	34	2470
1995-96	48	3801
1996-97	53	4514
1997-98	14	924
1998-99	26	2146
1999-00	42	3328
2000-01	37	2702

나오기 시작했고, 장기적으로 사비가 과르디올라의
직접적인 대체자가 되는 그림이 만들어졌다. 사비는 자신이
유소년 선수 시절일 때 자신보다 앞서 라마시아를 거쳐
바르셀로나와 스페인 대표팀에서 핵심 선수로 성장한
펩 과르디올라를 직접 지켜보며 성장했고, 선수로서도 함께
뛰었다. 과르디올라의 바르셀로나 선수 시절 후반기, 그리고
자기 자신의 전반기에 대해 사비는 이렇게 말했다.

**당시 펩은 자기 자신이 부상 등으로 어려움을 겪고
있었지만 항상 나를 도와줬고 나의 친구가 되어 줬다.
그리고 나에게 부족한 부분에 대해 아주 많은 조언을
해 주기도 했다.**

---

* 흔히 과르디올라가 바르셀로나 '드림팀'의 주장이었다고 말하는 경우가 있지만 이것은 일부만 사실이고 엄밀한 의미에서는 사실이 아니다.
'드림팀'을 정확한 의미에서 크루이프 감독이 이끌던 전성기를 의미할 때는 사실이 아니고, 다만, 1990년대 후반에도 드림팀 선수들 중
일부는 남아 있었기 때문에 '드림팀'을 길게 잡고 볼 때는 그 후반부에 주장을 맡았다고 볼 수 있는 것이다. 바르셀로나의 공식
홈페이지에서도 과르디올라를 '드림팀 후기의 주장이었다'라고 분명히 시기를 구분해서 소개하고 있다.

11 GOALS	107 YELLOW CARDS	9 RED CARDS	90 UNOFFICIAL MATCHES	5 UNOFFICIAL GOALS
0	0	0	1	0
0	2	0	1	0
0	10	1	8	3
1	8	1	4	0
0	13	2	15	0
2	11	1	17	0
2	13	1	14	0
1	16	0	8	1
0	3	1	5	0
1	8	2	5	0
1	10	0	6	0
3	13	0	6	1

RECORDS
과르디올라 시즌별 기록

한편, 펩의 바르셀로나 선수 커리어가 하락세로 접어든 사이 바르셀로나에는 새로운 시대, 좀 더 슈퍼스타들이 팀의 중심이 되는 새 시대가 열리고 있었다.

크루이프 감독의 뒤를 이어 바르셀로나 지휘봉을 잡은 잉글랜드 출신 명장 보비 롭슨 감독은 PSV에서 최고의 활약을 보이고 있던 브라질 출신의 신예 공격수를 영입했는데 그가 바로 훗날 세계 역사상 최고의 공격수 중 한 명으로 남게 되는 호나우두였다. 그는 포르투갈 출신 최고의 윙어였던 루이스 피구와 함께 새로운 바르셀로나의 공격을 이끌었고 그런 활약 속에 바르셀로나는 1996/97 시즌 UEFA 컵위너스컵, 코파델레이 등 컵 대회에서 우승을 차지하게 된다. 1997년 바르셀로나에 합류한 브라질 출신의 또 다른 슈퍼스타 히바우두 역시 당대 최고의 재능을 가진, 바르셀로나의 공격을 이끈 선수 중 한 명이었다.

참고로 과르디올라 감독과 훗날 세기의 라이벌로 불리는 주제 무리뉴가 바르셀로나와 처음 인연을 맺은 것도 이 시기다. 보비 롭슨 감독의 통역사로 인연을 맺기 시작해

사실상 코치로 일하고 있던 주제 무리뉴는 롭슨 감독에 이어 바르셀로나 지휘봉을 잡는 판 할 감독 체제에서도 계속해서 코치로 일하며 지도자 커리어를 키워 나가게 된다.

브라질 출신의 축구 역사상 최고의 공격수 중 한 명인 호나우두, 마찬가지로 브라질 출신의 위대한 천재 플레이어 히바우두, 호날두 이전 포르투갈 최고의 레전드 루이스 피구 등이 모두 이 무렵의 시기에 바르셀로나에서 활약했다.

보비 롭슨 감독의 뒤를 이은 판 할 감독은 부임 첫 시즌이었던 1997/98시즌에 리그, 코파델레이, 그리고 유럽슈퍼컵 3개의 대회에서 우승을 차지했다. 바르셀로나가 리그와 코파델레이에서 '더블'을 차지한 것은 이때가 39년 만의 일이었다. 호나우두, 피구, 히바우두 등 당대 최고의 공격적인 재능을 가진 선수들이 바르셀로나에서 재능을 꽃피우는 사이 자연스럽게 언론과 팬들의 관심은 그들에게 집중됐고 반대로 장기 부상을 겪는 과르디올라는 점점 팀의 중심에서 멀어지게 됐다. 여전히 팀의 주장을 역임하는 등 정신적인 면에서는 팀의 중요한 역할을 했지만 크루이프

감독 시절 이후 두 명의 다른 감독과 새로운 스타들을 거치면서 팀에서
과르디올라의 역할도 자연스럽게 변해 가고 있었다. 그에게 1997/98
시즌은 바르셀로나 선수 시절 최악의 시즌이었다. 부상으로 인해
14경기밖에 출전하지 못한 채 시즌을 끝냈고 부상이 고질적으로
이어지자 결국 1998년 6월 과르디올라는 부상 재발을 막기 위해 종아리
수술을 받으며 자연스럽게 잠시 뒤에 열릴 1998 FIFA 월드컵에 참가하지
못했다. 그 수술을 받은 후로 과르디올라는 1998/99시즌 리그에서
26경기에 출전해 1골을 넣는 등 다시 회복하는 모습을 보이기도 했고,
1999/20시즌에는 42경기에 출전하며 다시 한번 팀의 중심으로 올라서는
모습을 보여 줬으나 시즌 막바지에 또 한 번 부상을 당하며 출전하지
못했고 바르셀로나 역시 이 시즌을 무관으로 마감했다.
결국 더 이상 바르셀로나에서 뛰기 어려운 상황에까지 직면하게 된
과르디올라는, 2001년 4월 11일 기자회견에서 자신의 입으로 직접
바르셀로나를 떠나기로 했다는 사실을 고백했다. 과르디올라는
이 기자회견에서 다음과 같이 말했다.

**저는 선수생활을 해외에서 마감하고자 합니다. 쉬운 결정은 아니었지만
모든 것을 고려할 때 그것이 최선의 방법일 것 같습니다. 다른 스페인
클럽에서 뛰는 것은 상상해 본 적도 없고 저에겐 불가능한 일입니다.
그럴 거라면 차라리 은퇴를 했을 겁니다.**

바르셀로나를 떠난 후, 과르디올라는 몇 차례 자신에게 관심을 보였던
이탈리아 세리에A 무대로 진출했고 이탈리아 축구 영웅 로베르토
바지오가 뛰고 있던 브레시아에 입단했다. 참고로 재미있는 점은 이 시즌
그는 브레시아 출신으로 브레시아에서 펩 본인이 바르셀로나에서 맡았던
역할과 큰 관점에서 유사한 역할을 했던 선수를 대체했는데, 그 선수가
훗날 펩이 바르셀로나로 영입하고자 했으나 영입하지 못했던 이탈리아의
레전드 미드필더 안드레아 피를로였다.
이탈리아 무대에서 과르디올라는 브레시아와 로마를 거쳤지만 이 시기는
그의 인생에 가장 괴로운 시기 중 하나로 남아 있다. 그 후로 오랫동안
이어졌던 '도핑' 스캔들에 빠져 4개월 출전 정지 처분을 받았기 때문.
그는 이후 끝까지 자신의 결백을 밝히기 위해 노력한 끝에 선수생활이
모두 끝난 후에야 혐의를 벗었지만 이미 너무 늦은 후였다.
이탈리아에서 불미스러운 스캔들로 인해 힘든 시간을 보낸 그는 이후
유럽을 떠나 카타르, 멕시코 등에서 뛰며 선수생활을 마감했다. 이미
은퇴에 가까운 시기였지만 새로운 세계의 축구를 경험한 것은 그에게
이후 이어질 감독으로서의 커리어에 도움이 됐다.

CRUYFF'S

PHILOSOPHY

PURPOSE

XAVI
HERNANDEZ

71.9%

RONDO

ALL-TIME 11

TAKE the ball!

PASS the ball!

크루이프 축구 철학의 핵심

포지셔닝, 규율, 간격, 위치, 끊임없는 움직임,
패스를 통한 압박과 볼의 점유.

훈련의 목적

볼 컨트롤 능력과 패스 능력, 집중력을 동시에 향상시킬 수 있는 훈련으로,
크루이프에 이어 과르디올라가 선수를 지도하고 육성하는 데
가장 기본이 되는 훈련 방식이다.

샤비 에르난데스

펩 감독이 가장 싫어하는 건 볼을 잃어버리는 것이었다.
바르셀로나의 철학에서 소유권을 잃는 건 무책임한 것이라고 여겨졌고.
경기 중에 볼을 잃어버리면 다들 이미 터치라인에서
과르디올라 감독이 광분하고 있다는 걸 알았다.

평균 볼 점유율

맨시티에서 과르디올라 감독이 추구하는 축구가 제대로
구현되기 시작한 시즌의 평균 볼 점유율은 무려 71.9%였다.

과르디올라가
크루이프로부터
직접 배운
론도 훈련이란
?

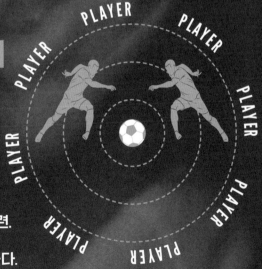

여덟 명의 선수가 원을 그리며 둘러서고,
그 안에 두 명의 선수가 들어가 볼을 뺏는 훈련.
안에 들어간 선수가 공을 뺏으면,
공을 뺏긴 바깥쪽의 선수와 서로 역할을 바꾼다.

GK —— 야신 *Yashin*
DF —— 카를로스 알베르토 *Carlos Alberto* 베켄바워 *Beckenbauer* 크롤 *Krol*
MF —— 가린샤 *Garrincha* 디 스테파노 *Di Stefano* 과르디올라 *Guardiola* 찰턴 *Charlton* 카이저 *Keizer*
FW —— 마라도나 *Maradona* 펠레 *Pele*

03

샤비의 롤모델
: 과소평가되고 있는 과르디올라의 선수 시절

과르디올라의 선수 시절은 그의 입도적인 감독으로서의 커리어에 비해서 과소평가되고
있는 부분이 있고, 이는 국내에서도 마찬가지다. 그가 바르셀로나 '드림팀'의 일원이었다는
사실은 알려져 있지만 특히 국내에 잘 알려지지 않은 것은 그의 1992년 바르셀로나
올림픽 당시의 활약상이다.

1992년은 과르디올라가 바르셀로나 무대를 넘어 국가대표팀과 함께하는 세계 무대에서
인정을 받았던 해이기도 하다. 그는 이해 열렸던 1992 바르셀로나 올림픽에서 팀의
주장으로 출전해 팀의 첫 그룹 경기였던 콜롬비아전에서 팀의 대회 첫 골을 기록한 것을
시작으로 팀의 4 대 0 승리를 이끌고 대회 내내 공수에 걸쳐 최고의 활약을 보였다.
당시 올림픽에서 과르디올라와 스페인 대표팀에 대한 기록은 많이 남아 있지 않지만,
가장 정확한 자료는 올림픽 위원회 공식 홈페이지, FIFA의 해당 대회 기술보고서,
그리고 바르셀로나 공식 홈페이지에서 확인할 수 있다. 우선 올림픽 공식 홈페이지에서는
당시 과르디올라의 활약에 대해서 "바르셀로나의 우승 과정에서 동료 루이스 엔리케와
함께 가장 중요한 역할을 했다"고 평가하며 과르디올라를 '올림픽에서 금메달을 차지한
최고의 선수 5인' 중 한 명으로 선정했다(이 평가에서 과르디올라와 함께 뽑힌 선수들은
메시와 아구에로, 네이마르, 그리고 에투였다).

1992년 올림픽에 대해 FIFA에서 추후 발간한 기술연구보고서에는 그때 과르디올라의
기록과 플레이가 좀 더 세부적으로 남아 있는데, 그는 이 대회 전 경기에 출전해서
총 506분을 뛰었고 1골 2어시스트를 기록했다. 한 가지 특이한 점은 과르디올라가
이 대회에 등번호 '9번'을 달고 출전해 평소보다 조금 더 공격적인 역할을 수행하기도
했다는 것이다. 그리고 그의 이 대회 공식 수상 기록에 대해서는 바르셀로나 공식
홈페이지에 남아 있는데, 이는 과르디올라가 당시 바르셀로나 선수이기도 했지만,
이 대회 결승전이 다름 아닌 바르셀로나 홈구장 캄프누에서 열렸다는 사실을 생각하면
그것은 너무나 자연스러운 일이다. 바르셀로나 구단이 공식적으로 남긴 기록에 의하면
과르디올라는 올림픽 종료 후 올림픽 최우수 선수에 선정됐고 당시 21세 이하 최고의
선수를 선정하던 브라보 어워즈도 수상했다.

당시 올림픽에서 같이 뛰었던 동료이자 결승전에서 결승골을 기록한
키코 나바레스는 올림픽에서 과르디올라와 함께 뛴 기억에 대해
"과르디올라는 경기에서 승리하는 것과 동시에 항상 볼을 얻어
내고 점유하는 것에 중점을 뒀다"고 말했다. 당시 과르디올라의
감독이었던 크루이프 감독의 철학과, 훗날 과르디올라가 감독이
된 후 추구하게 되는 축구가 1992년 올림픽에서도 그대로 나왔다는
동료의 증언이다.

올림픽 이후 커리어에서, 수비형 미드필더 포지션에서 주로 피벗의
역할을 맡았던 선수로서 과르디올라는 직접 많은 골을 기록한
선수이기보다는 한 번에 찔러 주는 스루패스로 득점 찬스를 만들어
내는 데 능숙한 선수였지만, 종종 프리킥 상황에서 직접 골을
결정짓거나 중거리 슈팅으로도 멋진 골들을 만들어 내는 선수였다.
특히 1996년 라리가 데포르티보전에서 기록한 초장거리 프리킥
골이나 1997년 컵위너스컵 준결승 피오렌티나전에서 그가 기록한
프리킥골 등은 그의 정확한 슈팅 능력을 잘 보여 주는 골들이었다.
이렇듯 1992년을 기준으로 올림픽, 챔피언스리그 등에서 성공의
중심에 서며 유럽 최고의 젊은 미드필더로 발돋움했고
1997년부터는 바르셀로나의 주장이었던 과르디올라의 선수생활이
상대적으로 덜 알려진 이유 중 가장 큰 것은 그의 국가대표팀에서의
경력이 클럽에서만큼 성공적이지 않았다는 점이었다. 그는 1994
미국 월드컵에 참가해 팀의 8강행에 기여했지만 유로 1996, 1998
월드컵에 참가하지 못했는데, 특히 1998 월드컵의 경우는 그가
선수시절 겪은 가장 큰 부상이 월드컵 불참에 결정적 계기가 됐다.
그의 마지막 스페인 국가대표팀 경기는 2001년이었고, 대한민국과
일본에서 열린 월드컵에도 참가하지 못했다.

다른 관점에서 보자면, 과르디올라의 선수 시절은 1992년 올림픽
당시의 활약이 오래 이어지지 못했다는 아쉬움도 있다. 이는 특히
크루이프 감독이 떠난 후 1998년 그가 겪은 부상, 그리고
바르셀로나를 떠난 후 이탈리아 무대에서 도핑 스캔들을 겪으며
사실상 커리어 전체가 그가 원했던 방향대로 진행되지 못한 부분도
있었다. 다만, 과르디올라는 당시 그와 같이 뛰었던 바르셀로나,
스페인 대표팀 선수들, 특히 그의 다음 세대에 활약하는 많은
월드클래스 미드필더들에게 '롤모델', 혹은 '아이돌'과 같은 존재로
영향을 미친 선수였는데, 이후 스페인, 레알 마드리드의 레전드로
성장하는 라울의 국가대표팀 첫 골을 어시스트한 선수도
과르디올라였다. 1996년 스페인 대 유고슬라비아전이었고,
이 경기에서 스페인은 2 대 0으로 승리했는데 첫 골이 과르디올라의
골, 두 번째 골이 과르디올라의 어시스트에 이은 라울의 골이었다.
두 사람은 라울의 첫 골이 들어간 후 큰 포옹을 하며 함께 기뻐했다.
라울은 그 당시 상황과 과르디올라에 대해 다음과 같이 말했다.

1992 OLYMPIC

FIFA에서작성한
1 9 9 2
올림픽기술보고서

RESULTS OF QUALIFYING MATCHES

90.10.09	스페인 vs 아이슬란드	2 : 0
90.11.13	체코 vs 스페인	3 : 1
90.12.18	스페인 vs 알바니아	1 : 0
91.02.19	프랑스 vs 스페인	0 : 1
91.09.24	아이슬란드 vs 스페인	1 : 0
91.10.11	스페인 vs 프랑스	0 : 0
91.11.12	스페인 vs 체코	1 : 1
91.12.17	알바니아 vs 스페인	-

RESULTS AT BARCELONA '92

92.07.24	vs 콜롬비아	4 : 0 (3 : 0)
92.07.27	vs 이집트	2 : 0 (0 : 0)
92.07.29	vs 카타르	2 : 0 (1 : 0)
92.08.01	vs 이탈리아	1 : 0 (1 : 0)
92.08.05	vs 가나	2 : 0 (1 : 0)
92.08.08	vs 폴란드	3 : 2 (0 : 1)

* Final Ranking : 1st Place (Gold Medals)

19 키코　　20 알폰소

17 베호제

9 과르디올라

8 루이스 엔리케　　2 페레

3 라사

10 아벨라르도　　4 솔로자발　　5 로페즈

1 토니

나의 첫 골을 어시스트해 준 선수가 과르디올라였다.
그는 내가 스페인 대표팀에서 시작할 때 많은 도움을 줬고
다른 동료들에게도 마찬가지였다. 그는 동료 선수들에게
축구에 대한 자신의 생각을 아주 많이 공유했다.

과르디올라의 플레이 스타일에 공개적으로 존경을 표하거나
직간접적으로 영향을 받은 그다음 세대의 미드필더들에는
사비, 이니에스타, 피를로, 파브레가스 등등이 있지만,
그중에서도 역시 가장 큰 영향을 받은 것은 바르셀로나에서
함께 뛰었고 자연스럽게 과르디올라의 자리를 대체하게
되는 미드필더 사비였다. 이 관계로 인해 과르디올라에 대해
다룬 대부분의 다큐멘터리에 반드시 등장하고 가장 많은
코멘트를 남기는 인물은 거의 항상 사비인데, 사비가
과르디올라에 대해 영상으로 녹화된 다큐멘터리에서 한
말 중 일부는 다음과 같다.

여기서 크루이프, 과르디올라, 그리고 사비로 이어지는
크루이프의 바르셀로나가 남긴 위대한 유산은 바로 올해인
2023년 현재도 진행 중이며 마침 이해에 다시 한번
아름다운 결과를 만들어 냈다. 2023년에 과르디올라는
맨시티를 이끌고 '트레블'을, 사비는 바르셀로나를 이끌고
라리가 우승을 이끌어 낸 것이다. 크루이프는 작고하기 전
자신이 생각하는 역대 베스트 11을 선정했는데, 세계 축구
역사상 최고의 선수들로 가득한 이 자리에는 과르디올라도
포함되어 있었다.
한편, 과르디올라 감독은 현역 시절 이탈리아 세리에A
클럽들과 연결된 후 결국 세리에A로 떠나긴 했지만
프리미어리그의 많은 클럽들과도 링크가 있었다. 이들 중
일부는 사실로 인정이 됐고 일부는 사실 여부가 여전히
불투명하지만, 가장 흥미로운 부분은 맨유의 알렉스
퍼거슨 감독과 사이에 있었던 두 차례의 링크, 각각 선수와
감독으로서의 링크였다. 퍼거슨 감독이 선수 시절의
과르디올라를 영입하고자 했다는 주장은 과르디올라
감독의 에이전트로부터 나왔고, 그 당시 '인디펜던트' 등의
보도로 알려졌다. 그의 주장과 해당 기사들에 따르면
2001년 6월 바르셀로나와 과르디올라의 계약 종료를
눈앞에 두고 퍼거슨 감독이 과르디올라의 영입을 원했고
과르디올라도 관심이 있었으나 과르디올라가 바르셀로나
회장과 논의를 하기 전에 맨유와 미팅을 갖는 것을 거부했고
그로 인해 맨유가 과르디올라의 영입 의지를 접었다는

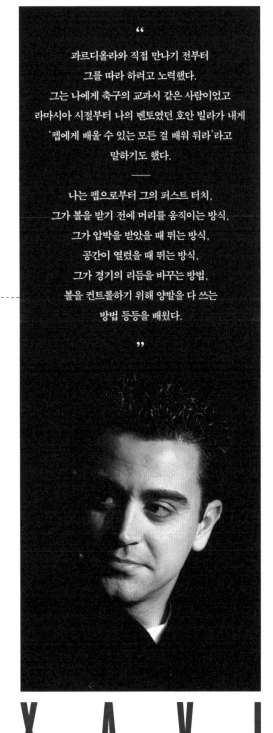

"
과르디올라와 직접 만나기 전부터
그를 따라 하려고 노력했다.
그는 나에게 축구의 교과서 같은 사람이었고
라마시아 시절부터 나의 멘토였던 호안 빌라가 내게
'펩에게 배울 수 있는 모든 걸 배워 둬라'라고
말하기도 했다.
—
나는 펩으로부터 그의 퍼스트 터치,
그가 볼을 받기 전에 머리를 움직이는 방식,
그가 압박을 받았을 때 뛰는 방식,
공간이 열렸을 때 뛰는 방식,
그가 경기의 리듬을 바꾸는 방법,
볼을 컨트롤하기 위해 양발을 다 쓰는
방법 등등을 배웠다.
"

X A V I

43

주장이다. 인디펜던트지는 이때 과르디올라가 미팅을 거부한 사실로 인해
다음 해 과르디올라의 영입이 가능해졌을 때도 맨유가 재시도를 하지 않았다고
전했는데, 이에 대해서는 아직까지 당사자(과르디올라, 퍼거슨 감독)의 100%
확실한 답변은 나오지 않았다. 다만, 퍼거슨 감독 본인이 이에 대해 다소 우회적
으로 언급한 사실은 남아 있는데, 퍼거슨 감독은 2012년 발간된 과르디올라
감독의 평전에 쓴 서문에서 아래와 같이 말했다.

종종 톱클래스 선수를 보면서 저 선수가 맨유에 왔다면 어땠을까?
생각하는 경우가 있다. 과르디올라의 경우도 마찬가지였다.

한편, 훗날 '감독' 과르디올라를 퍼거슨 감독이 자신의 후계자로 맨유에 데려오고
싶어 했다는 사실은 퍼거슨 감독 본인이 자신의 서적 '리딩(Leading)'에서 아래와
같이 쓰며 인정했다.

펩에게 (바르셀로나를 떠난 후) 다른 클럽의 오퍼를 승락하기 전에 꼭
나에게 연락을 해 달라고 부탁을 했는데 그는 그렇게 하지 않았고 결국
2013년 7월에 뮌헨으로 갔다.

물론, 과르디올라 감독은 맨유뿐 아니라 맨체스터의 또 다른 클럽이자 현재
자신이 감독으로 일하고 있는 맨시티에도 선수로서 이적할 기회가 있었다.
이는 맨유와 링크가 됐던 2001년보다 후인 2005년의 일이었는데, 이때는
과르디올라가 맨시티에 입단할 수 있었던 기회를 당시 감독이었던 스튜어트
피어스 감독이 거절했다. 이에 대해서는 과르디올라 본인이 세계에서 가장
유명한 맨시티 팬이자 영국을 대표하는 뮤지션인 노엘 갤러거(전 오아시스
리더)와의 인터뷰에서 직접 공개했다. 이 인터뷰에서 그는 아래와 같이 말했다.

솔직히 당시 스튜어트 피어스 감독의 말이 옳았다. 그때 나는 33, 34세였고
축구 선수로서 끔찍한 상태였다. 그때 나를 영입하지 않은 피어스 감독의
결정은 아주 훌륭한 것이었다. 선수 시절, 프리미어리그에서 뛰어 보고 싶은
꿈은 있었지만, 그는 나에게 반 시즌 계약을 제안했다. 나는 가족에 대해서도
생각해야 했고, 가족과 떨어져서는 살고 싶지 않았기에 결국 우리는 계약을
체결하지 않았다.

참고로, 그때 인터뷰에서 과르디올라의 말을 들은 노엘 갤러거는 이렇게 답했다.

그때의 일로 우리를 미워하지 않고 감독으로 와 줘서 정말 고마워요.

4부 리그에서 시작한
펩의 감독 커리어

종종 과르디올라가 처음부터 당대 최고의 바르셀로나 1군 팀을 맡았기 때문에 '당연히 성공할 수 있는 조건'에서 시작한 감독이라는 주장을 펴는 비판론자들이 있지만, 이는 사실관계 자체를 제대로 알지 못하는 데서 나오는 완전히 잘못된 생각이다. 과르디올라 감독이 메시 등이 뛰고 있던 1군 팀에서 감독 커리어를 시작했다는 건 비판론자들이 가지고 있는 오해 중 가장 큰 부분인데, 실제로 과르디올라 감독 커리어의 시작점은 바르셀로나 1군 팀이 아닌 B팀이었으며 심지어 그는 이제 막 3부 리그에서 4부 리그로 강등당한 팀을 맡아서 감독 커리어를 시작했다. 즉, 과르디올라는 팀이 완전히 망가져서 4부 리그로 강등당한 팀을 맡아서, 팀을 당연히 승격시켜야 한다는 기대와 부담을 안고 그걸 해내지 못할 경우 시작부터 실패로 간주될 수 있는 상황에서 감독 커리어를 시작한 것이다. 강등당한 팀이라는 사실 자체가 보여 주듯, 당시 과르디올라가 맡은 팀은 '완벽한 팀'과는 매우 거리가 멀었고, 당시 바르셀로나 B팀의 상황은 매우 어수선했다. 더 나아가서, 어쩌면 그의 바르셀로나 B팀 감독 부임 자체도 무산될 가능성이 있었는데, 당시 바르셀로나의 단장이었던 치키 베히리스타인이 바르셀로나 B팀 감독으로 처음 검토 중이었던 후보는 과르디올라가 아니라 훗날 바르셀로나의 감독이 되는 루이스 엔리케였다.

그러나 과르디올라의 지도자로서의 능력과 잠재력을 본 당시 몇몇 구단 이사진들이 추천하고 나서자 베히리스타인 단장 및 바르셀로나 이사진에서는 계획을 바꿔서 과르디올라를 B팀 감독에 선임한다. 참고로 베히리스타인 단장은 선수시절 과르디올라와 팀 동료였으며, 1년간 B팀을 이끄는 과르디올라의 능력을 지켜보았고, 그가 다른 많은 쟁쟁한 후보자들을 제치고 1군 팀 감독이 되는 데도 결정적인 역할을 했다. 당시 바르셀로나 이사진에서는 과르디올라가 바르셀로나 1군 팀 감독이 된 것은 베히리스타인 단장의 도움 없이는 불가능했을 것이라고 평가했으며 두 사람은 시간이 지난 뒤 맨시티에서 다시 한번 단장과 감독으로 만나게 된다.* 펩은 바르셀로나 B팀 감독 취임 기자회견에서 다음과 같이 말했다.

"

저에겐 꿈이 이뤄진 것 같은 날입니다.
저는 바르셀로나의 선수였지만, 제로(0)로부터 시작하겠습니다.
목표는 가능한 한 빨리 승격하는 것입니다.
즉 이번 시즌에 하겠다는 말입니다.

"

펩이 맡은 바르셀로나 B팀에는 미래에 바르셀로나에서 중요한 역할을 하는 원석들이 몇몇 있었다. 그중에서도 가장 대표적인 것이 당시 B팀 선수 중 한 명이었고 펩과 함께 1군으로 올라가 핵심적인 역할을 하게 되는 미드필더 세르히오 부스케츠였다. 그는 펩과 함께 보낸 바르셀로나 B시절에 대해 이렇게 말했다.

모든 것이 아주 프로다웠고 그의 아이디어와 접근 방식은 매우 진보적인 것이었다. 훈련장에 지각하거나, 몸무게가 너무 많이 나가면 벌금을 냈다. 당시 작은 경기장을 썼는데 항상 바르셀로나가 볼을 소유하길 원했고, 세 명의 수비수 중 한 명이 볼을 끌고 전진했고, 측면 수비수들은 위로 높게 전진했다. 그가 바르셀로나 B에서 보여 준 축구는 이후 1군 팀에서 한 축구와 매우 유사했다.

---

* 과르디올라는 이보다 빠른 2003년에도 이미 바르셀로나 감독에 거론된 바가 있었다. 이는 당시 회장 후보였던 루이스 바사트 본인이 TV 인터뷰에서 밝힌 내용으로, 회장이 될 시 과르디올라를 감독에 임명하고자 했으나 당시에는 코치 자격증이 없어서 그 대신 단장으로 삼겠다는 공약을 내세웠던 것. 이는 해당 후보자가 낙선하면서 없던 일이 됐다.

그 외에도 당시 바르셀로나 B팀에는 페드로, 치코 플로세스 등이 뛰고 있었고 바르셀로나 유소년팀으로 팀을 떠날 계획 중이었던 센터백 마르크 발리엔테는 과르디올라의 설득 끝에 팀에 남았다. 이후 과르디올라의 수석 코치로 활약한 후 그가 떠난 뒤 바르셀로나 감독을 맡게 되는 빌라노바도 당시 B팀에서 일하고 있었다. 펩 본인은 B팀 감독 시절에 대해서 이렇게 말했다.

"

**바르셀로나 B팀에서의 시간은 내게 아주 큰 도움이 됐다.
1주에 1경기가 있었기에 많은 것을 분석할 수 있었고
또 주변의 시선이나 주목도 거의 받지 않았다.
언론의 관심도 받지 않았다.**

"

펩의 바르셀로나 B 시절에 대해서는 많은 자료가 남아 있지 않지만, 가장 공식적인 자료는 2008년 5월에 바르셀로나 공식 홈페이지에서 그의 행적에 대해 정리했던 글, 또 그가 맨시티 감독이 된 후 맨시티 전문 기자인 샘 리 기자와 과르디올라 본인이 가졌던 인터뷰 등에서 찾을 수 있다. 이들 자료에 따르면, 펩은 4부 리그임에도 불구하고 시즌 첫

프리시즌 경기를 하기 전에 상대 팀을 살펴보기 위해 직접 상대 팀 프레미아의 경기를 관전하기도 했고, 프레미아는 평균 관중이 400, 500명 정도 되는 경기지만 바르셀로나 레전드에 스페인 축구 스타 과르디올라의 첫 경기에는 약 2천 명 정도의 관중이 운집했다. 이 경기에서 바르셀로나 B는 무승부를 거뒀고, 그의 바르셀로나 커리어에 아주 큰 영향을 미쳤던 치키 베히리스타인도 직접 경기장을 찾아서 경기를 지켜봤다.

이 시기부터 과르디올라 감독은 4부 리그였음에도 불구하고 상대 팀을 철저하게 분석했고, 그 경기 후 10경기에서 7승을 거두며 좋은 출발을 보였다. 그러나 펩은 그에 만족하지 못했고, 자신의 '스승'인 크루이프와 직접 만나거나 통화로 많은 조언을 구하기도 했다. 과르디올라가 축구 감독으로서 커리어 내내 중요시하고 강조하는 중요한 가치들은 이 시기부터 이미 드러나기 시작했다. 널리 알려진 대로 그는 축구에 대해서는 엄청난 완벽주의자이고, 훗날 많은 '스타 선수들'과의 충돌에 원인이 되는 규율과 성실함을 넘어선 팀에 대한 헌신적인 플레이를 그 무엇보다 강조하는 감독이었다. 때때로 그는 그 어떤 스타 선수도, 어떤 특별한 능력을 가진 선수도, 팀을 위해 헌신하지 않고 규율을 준수하지 않는다면 제3자들의 관점에서 볼 때 다소 무자비하다 싶을 정도로 내쳤다. 이는 그의 스승이었던

크루이프로부터 내려온 축구 감독에 대한 믿음(크루이프가 자서전에서 직접 쓴 "나는 피치 위에서 가만히 서 있는 선수들을 보면 참을 수가 없다"라는 문구 등등)이었고, 그 자신이 바르셀로나 '드림팀'의 일원이었으며 크루이프, 호나우두, 히바우두, 피구를 비롯한 슈퍼스타 감독 및 선수들과 함께 축구를 하는 사이에 자연스럽게 완성된 그의 감독 철학이었다.

사실상 본인 스스로가 유럽 축구 역사 전체에서 첫 손에 꼽히는 레전드인 크루이프의 선택을 받아 1군에 데뷔해서 최고의 스타들이 뛰었던 바르셀로나의 주장이 됐던 선수였던만큼, '이름값' 혹은 '유명세'를 믿고 허세를 피우거나 감독이 정한 규율을 위반하는 것은 그에겐 그 어떤 긍정적인 영향도 미칠 수가 없었다. 오히려 그런 선수들은 거의 예외 없이 그의 팀에서 배제됐다. 이 시즌 펩의 지도하에 4부 리그에서 뛰었던 많은 바르셀로나 B팀 선수들은 공통적으로 펩이 이런 부분들을 아주 엄격하게 요구했다고 밝혔고, 그와 정반대로, 팀이 3연승을 하면 감독이 선수단 전체에게 밥을 사겠다는 약속을 하기도 했다고 밝혔다. 이 시즌 펩은 바르셀로나 선수들에게 총 '다섯 번' 밥을 샀다. 특히 시즌이 후반기로 접어들수록 그의 팀은 더 강한 모습을 보였고 이 역시 훗날 그가 맨시티에서 보여 주는 모습과 비슷한 모습이다. 그 시즌 바르셀로나 B의 주장이었고 이후 스페인 1부 리그의 다양한 팀에서 뛰게 되는 발리엔테는 그 시절 과르디올라에 대해 다음과 같이 말했다.

과르디올라 감독은 매우 명백한 기준을 가진 사람이었고 누구도 그 기준을 벗어나도록 용납하지 않았다. 그에겐 매우 분명한 팀의 행동 코드가 있었고 모두가 그것을 존중해야 했다. 팀의 벌금에 대해서도 마찬가지였다. 그래도 팀의 모두가 그가 정한 규칙을 존중했고 따랐다.

부스케츠, 페드로 등 미래의 바르셀로나 1군 스타가 되는 선수들은 이 시즌 자신보다 열 살이 많은 선수들을 상대로 거친 4부 리그의 피치 위에서 뛰며 크게 성장했다. 결국 시즌 종료 시점에 바르셀로나는 홈 무패(21전 19승)를 포함해 36경기에서 24승 7무 5패를 거뒀고 1경기당 1.9골의 기록을 남겼다. 리그를 1위로 마친 과르디올라의 팀은 플레이오프에서 카스티요 CF와의 1, 2차전 합산 결과로 꺾고는 바르바스트로도 1, 2차전에서 모두 승리를 거둔 후 그가 시즌 초반에 공언했던 대로 한 시즌 만에 승격을 달성했다. 한 시즌 만에 자신의 약속을 지킨 과르디올라 감독은 자연스럽게 바르셀로나 1군 팀 감독 후보로 떠올랐다. 그러나 2008년, 바르셀로나 1군 팀 감독 후보에 이름을 올린 것은 결코 과르디올라뿐이 아니었다. 선수로서의 커리어나 감독으로서의 명망으로는 그보다 더 우위인 후보자들이 그 자리를 탐내고 있었다.

05

1군 감독 데뷔 시즌 트레블 달성,
2009년 달성한 사상 첫 '6관왕'

네덜란드 출신의 레전드 미드필더 레이카르트 감독이 이끌고 2000년대 초반 바르셀로나는 물론 유럽 최고의 선수 중
한 명이었던 슈퍼스타 호나우지뉴를 중심으로 2005/06시즌 챔피언스리그 우승을 차지하기도 했던 바르셀로나는 선수들의
사생활 문제 등이 불거지고 레이카르트 감독의 지도력 역시 비판대 위에 오르면서 빠르게 최악의 시절로 접어들고 있었다.
그 당시 바르셀로나 선수였던 구드욘센은 펩 부임 전 그 시기의 바르셀로나를 "아마도 최근 (21세기) 바르셀로나의 역사 중
최악의 시기였을 것"이라고 말했고 2007년에 바르셀로나에 합류했던 티에리 앙리 역시 "매우 어려웠던 시즌"이었다고 밝혔다.
결정적으로 2008년 5월 7일, 바르셀로나는 레알 마드리드와의 '엘클라시코'에서 1-4로 대패하며 그것이 레이카르트의 마지막
엘클라시코가 됐다. 자연스럽게 레이카르트 감독의 대체자는 누가 될 것인지가 최고의 화두로 떠올랐고, 그 후보자들에는
바르셀로나와 링크가 있는 많은 레전드들이 있었다. 그중 최종적으로 과르디올라보다 먼저 후보자로 거론되었고 특히 언론의
큰 주목을 받았던 것은 그 당시 FC포르투를 이끌고 챔피언스리그 우승과 프리미어리그 첼시에서 거둔 성공으로 최고의
주가를 올리고 있던 주제 무리뉴 감독이었다.

특히 당시 바르셀로나 이사진은 어수선한 팀 기강을 잡을 수 있는 강력한 감독을 원했고, 그 시기 그에 가장 적합했던 후보가 무리뉴 감독이었다. 더욱이 그는 과르디올라가 바르셀로나 선수로서 활약했던 보비 롭슨 감독 시절과 판 할 감독 시절에 바르셀로나에서 일했던 경력이 있었기 때문에 그 점에 대해서도 강점이 있었다.

그해 결과적으로 과르디올라가 무리뉴를 포함한, 감독으로서의 경력이나 선수 시절 명성이 높은 다른 후보자들을 제치고 감독이 된 것에 대해서는 바르셀로나의 축구 철학에 대한 해석이나(특히 무리뉴 감독의 축구 철학 및 스타일과는 대비되는) 그 외에도 다른 해석이 나왔지만 그것은 현실적인 면에서 보자면 다소 언론적인 해석, 혹은 '해석을 위한 해석'인 측면이 크다. 실제로 바르셀로나의 결정권자 혹은 내부자들에게 있어 과르디올라를 선택한 가장 큰 이유는 바르셀로나의 외부인들은 아무도 지켜보지 않았던 사이, 이 책의 4장에서 설명한, 과르디올라가 B팀에서 보여 줬던 지도력, 그리고 바르셀로나 레전드 선수였고 전성기를 이끈 감독이었던 크루이프, 당시 단장이었던 베히리스타인 등 바르셀로나의 내부 사정을 가장 잘 알고 결정권을 행사할 수 있었던 '내부자'들의 전폭적인 지지 그리고 또 라포르타 회장의 절대적인 믿음이었다. 이 당시 결정에 대해 라포르타 회장은 골닷컴과의 인터뷰에서 다음과 같이 말했다.

그 당시 언론과 팬들은 무리뉴 등의 감독에 주목하고 있었지만, 제 주변의 모든 사람들, 예를 들면 크루이프, 베히리스타인, 그리고 주요 이사진들과 바르셀로나 B팀을 지켜본 사람들은 입을 모아서 과르디올라가 1군 감독이 될 준비가 충분히 됐다고 말했습니다.

우리는 사람들을 놀라게 하길 좋아하고, 우리의 믿음을 바탕으로 결정을 내립니다. 그래서 우리는 다소 부담이 있는 결정이었더라도, 이 젊은 감독을 믿고 기회를 주기로 했습니다.

과르디올라 역시 처음에는 자신이 1군 팀 감독이 될 수 있을지에 대해 다소 이르다는 생각을 하기도 했지만, 결국 라포르타 회장의 결정에 대해 라포르타 회장과 단둘이 만난 자리에서 과르디올라는 이렇게 화답했다.

좋습니다. 저와 함께 바르셀로나는 모든 대회에서 우승을 할 겁니다.

이후 공식 감독 취임 기자회견에서 과르디올라는 이렇게 말했다.

저는 이 자리에 준비가 되어 있고 자신 있습니다. 그렇지 않았다면 오지도 않았을 겁니다. 우리 팀의 모든 선수들은 열심히 뛰어야 할 것이고 헌신해야 합니다. 그렇지 않은 선수는 용서하지 않을 겁니다.

과르디올라 감독의 시대가 시작된 2008년 여름, 바르셀로나에게 있어 새로운 영입보다 더 중요한 것은, 내보내야 할 선수를 내보내고 남길 선수를 남기며 교통정리를 하는 것이었다. 이것은 결코 쉽지 않은 일이었지만, 과르디올라 감독의 결단은 칼같았고 빨랐다. 당대 최고의 스타였고 뛰어난 능력을 가진 선수들이었지만, 바르셀로나 팀에 부정적 영향을 미치고 있던 두 선수 호나우지뉴와 데쿠를 곧바로 내보내고 미드필드진을 개편하고 세대교체를 한 것이 가장 대표적이다.

그 여름 10년 전 선수와 선수로 이제는 감독과 선수로 만나게 된 사비 에르난데스도 과르디올라 감독과 독대를 했다. 다른 클럽들의 구애를 받고 있던 사비로서는 과연 과르디올라 감독이 자신이 바르셀로나에 남길 원하는지 정확히 하고 싶었던 것. 이에 대해 사비는 과르디올라 감독에 대한 다큐멘터리 인터뷰에서 이렇게 말했다.

시즌 전에 찾아가서 내가 팀에 필요한 존재인가? 다른 팀들이 원하고 있으니 내가 필요 없으면 팔아도 된다고 말했다. 그리고 모든 상황은 20초 만에 정리가 됐다. 과르디올라 감독은 내가 그의 팀의 중심에 꼭 있어야 한다고 말했다. 선수에게 가장 중요한 것은 감독의 믿음이다. 나와 과르디올라 감독 사이에는 그것이 있었다.

비슷한 시기, 바르셀로나의 또 다른 이슈 중 하나는 레이카르트 감독 후기에 팀의 새로운 스타로 떠오르고 있었던 리오넬 메시의 2008 베이징 올림픽 참가 여부를 결정하는 일이었다. 1군 감독으로 첫 시즌을 시작해야 하는 중요한 시기에 있던 과르디올라 감독으로서 그 시즌의 프리시즌은 그 어떤 때보다 중요했고 메시뿐 아니라 모든 중요한 선수들이 함께 프리시즌에 참가하는 것이 그 자신에게 좋다는 것은 명백했다. 더욱이 그해 여름 바르셀로나는 챔피언스리그 플레이오프 경기도 앞두고 있었기에 메시가 올림픽에 참가할 경우, 플레이오프 참가가 어려운 상황이기도 했다. 다만 2008 올림픽에 참가해 아르헨티나를 위해 뛰고 싶었던 메시의 마음도 강력했다. 메시는 그 시기 자신의 올림픽 참가를 반대하는 클럽의 입장에 매우 불편함을 느끼고 있었다. 메시의 올림픽 참가 여부가 구단 내부를

떠나 외부에까지 문제로 불거지기 시작하던 시점에 메시를 올림픽에
보내야 한다고 가장 강력하게 주장한 바르셀로나 내부자는 다름
아닌 과르디올라 감독 본인이었다. 1992년 스페인 올림픽에
출전해서 금메달을 차지하고 그 대회를 통해 국제적인 스타가 됐던
과르디올라는 그 누구보다도 올림픽에 출전하고 싶은 메시의 마음을
잘 이해하는 사람이었다. 이에 대해서는 다른 누구도 아닌 리오넬
메시 본인이 2019년에 현지 언론과의 인터뷰에서 다음과 같이
밝혔다.

> 우리는 이탈리아에서 프리시즌을 보내는 중이었고 피오렌티나전이
> 끝난 후에 과르디올라 감독이 나를 꽉 잡으며 '올림픽에 가고 싶지?
> 그치?'라고 물었다. 내가 '네'라고 대답하자 그는 '올림픽에 보내 줄게
> 다만 한 가지만 조건이 있는데 클럽의 한 사람이 너와 동행해서
> 네 생활을 지켜볼 거야'라고 말했고, 나는 '올림픽에만 갈 수 있으면
> 그런 건 상관없습니다'라고 말했다.
> 펩 감독은 나에게 아주 고마운 사람이었다. 모두들 내가 올림픽에
> 참가하는 것을 원하지 않았지만 나는 꼭 가고 싶었다. 다른 누구도
> 아니라 과르디올라 감독이 바로 나를 올림픽에 갈 수 있게 도와준
> 사람이다.

결국 아구에로, 마스체라노, 디 마리아 등과 함께 2008년 올림픽에
출전한 메시는 준결승전에서 바르셀로나의 전 슈퍼스타이자 자신의
동료인 호나우지뉴가 뛴 브라질을 꺾고 결승에 진출해 아르헨티나
대표팀과 함께 첫 우승을 차지했다. 그는 2017년 올림픽 위원회 공식
홈페이지에 공개된 인터뷰에서 "지금까지 거둔 모든 우승 중 나에게
가장 의미가 깊은 것은 2008 올림픽 우승이다"라고 말하기도 했다.
2008년 여름, 과르디올라는 그렇게 팀의 전 스타 호나우지뉴와
데쿠를 떠나보내는 대신, 새 시대를 포함해 축구 역사에도 영원히
남을 두 레전드인 메시와 사비의 마음을 완전히 사로잡은 채
새 시즌을 시작했다. 1군 선수단을 정리한 것 이외에도 펩은 자신이
한 시즌 전 이끌었던 B팀과 자신이 성장했던 라마시아 출신
유소년팀에서도 선수들을 발탁하기 시작했는데, 그중 가장 대표적인
선수가 B팀에서 뛰었던 미드필더 세르히오 부스케츠였다. 부스케츠는
특히 과거 과르디올라가 선수 시절 뛰었던 자리에서 활약하며 이후
10여 년 동안 바르셀로나의 핵심 미드필더로 성장하고, 시간이
지나면서 점점 사비, 이니에스타와 함께 세계 최고의 미드필드진을
완성하는 마지막 퍼즐이 됐다. 이 시즌 에투, 메시와 함께 바르셀로나
공격 3각 편대의 한 축을 담당했었고 지금까지도 과르디올라를 '보스'
라고 부르는 앙리는 과르디올라 감독이 부임 후 바르셀로나에 가져온
변화에 대해 다음과 같이 말했다.

펩 감독은 모든 것을 통제하고 싶어 했다. 훈련장에 지각하는 것은
불가능한 일이었고, 훈련 중에 적당히 뛰는 것도 불가능했다, 자정이
되기 전엔 반드시 집에 돌아가야 했고 훈련장에서 먹는 것, 마시는
것까지 모든 것이 아주 세세히 관리됐다. 바르셀로나는 상대가 2골을
넣으면 4골을 넣는 축구를 했던 팀이다. 과르디올라가 온 후로
바르셀로나는 실점하지 않고 골은 더 많이 넣는 팀으로 변신했다.

그리고 과르디올라의 바르셀로나에서 중원의 지휘자였던 사비는
다음과 같이 말했다.

펩 감독이 가장 싫어하는 건 볼을 잃어버리는 것이었다.
바르셀로나의 철학에서 소유권을 잃는 건 무책임한 것이라고
여겨졌고. 경기 중에 볼을 잃어버리면 다들 이미 터치라인에서
과르디올라 감독이 광분하고 있다는 걸 알았다.

이렇게 출항한 후 축구계의 역사로 남게 된 펩 과르디올라의
바르셀로나지만, 그들의 시작은 결코 순탄하지 않았다. 과르디올라
감독이 이끈 바르셀로나의 라리가 첫 경기에서 바르셀로나는
약체팀인 누만시아에 0-1 패배를 당했고 그다음 라싱전 경기에서도
1-0으로 앞서고 있다가 결국 1-1 무승부를 당했다.
바르셀로나 정도의 규모를 가진 팀에서는, 특히 감독이 경험이
부족한 상태로 시작했을 때는 그 정도로도 신임 감독에게 충분히
큰 압박이 올 수 있었던 상황이었다. 모두에게 의문부호가 달리는
상황에서 한 사람이 공개적으로 지지의 의사를 드러냈는데,
선수 시절 과르디올라를 1군 팀에 처음 기용했던 요한 크루이프였다.
자신의 아들인 조르디 크루이프와 함께 그 경기를 경기장에서 지켜본
크루이프는 칼럼에서 과르디올라의 바르셀로나 팀에 대해 아래와
같이 썼다.

바르셀로나는 아주 잘했다, 팬들은 인내심을 가져야 하고 아무
걱정 할 필요 없다. 결과는 자연스럽게 따라올 것이다.

그날 이후로 바르셀로나는 다음 해 2월에 에스파뇰과의 더비전에서
데라페냐에게 두 골을 내주며 1-2로 패할 때까지 라리가에서 무패
행진을 달렸다. 이 시즌 바르셀로나는 앞서 설명한 최강의
미드필더진과 공격 트리오 외에도 다재다능한 미드필더 야야 투레가
미드필드진에 깊이를 더했고 팀의 주장이자 뛰어난 수비수인 푸욜,
라마시아 출신으로 맨유에서 돌아온 수비수 피케, 그리고 좌우에
아비달, 알베스. 골문엔 역시 라마시아 출신인 골키퍼 발데스 등이
주로 활약했다.

과르디올라의 바르셀로나는 시간이 갈수록 파죽지세처럼 정상을 향해 달려갔지만, 그중에서도 가장 역사에 남을
승리는 2009년 5월 2일, 레알 마드리드 홈구장 산티아고 베르나베우에서 열린 엘클라시코에서 거둔 6 대 2 대승이었다.
이 경기에서 과르디올라 감독은 시즌 초반 오른쪽 윙어에서 시작해서 점점 자유롭게 플레이를 가져가던 메시를 중앙
공격수 자리, 단 전통적인 중앙 공격수인 '9번' 공격수 자리보다 깊이 아래로 데려와서 미드필드 라인 위에서 이니에스타,
사비와 긴밀하게 호흡하며 공격을 이끌도록 배치했고 그 결과 팀의 역사적인 승리를 이끌었다. 좀 더 구체적으로는 팀이
전반 0-1로 뒤지고 있던 17분에 앙리가 성공시킨 동점골 장면에서 메시의 위치는 바르셀로나에서 그에게 가장 익숙했던
오른쪽 측면과는 전혀 거리가 먼 중앙 미드필드 지역보다 조금 높은 위치였다. 이 장면에서 메시의 플레이는 전형적인
'9번' 공격수와는 완전히 다른, 오히려 플레이메이커인 '10번'에 어울리는 모습이었다.
크루이프 감독의 축구 철학에 뿌리를 둔 과르디올라 감독이 바르셀로나에서 펼쳐 낸 전술과 특유의 플레이 스타일은
딱히 한두 개에 국한되지 않고 수없이 많지만, 그중에서도 대표적으로 수비로부터 천천히 빌드업을 시작해서 전진하는
플레이, 그리고 점유율을 최대한 유지하면서 빠른 패스와 끊임없는 움직임으로 공격을 전개하는 ('티키타카'라고도
불렸던) 플레이, 또 이렇게 메시를 '가짜 9번'(False nine : 펄스 나인)으로 활용하는 전술 등은 이후 과르디올라
감독과 메시, 또 그 시대의 바르셀로나와 스페인 축구를 대표하는 전술로 자리 잡게 되고 훗날 많은 팀과 감독들에게
영향을 주게 된다.

반 데르 사르

오셰이　　퍼디난드　　비디치　　에브라

안데르손　　캐릭　　긱스

박지성　　호날두　　루니

양리　　에투　　메시

이니에스타　　부스케츠　　사비

시우비뉴　　피케　　투레　　푸욜

발데스

2008/09시즌 챔피언스리그 결승전 라인업

과르디올라 감독이 첫 시즌에 메시를 계속해서 '가짜 9번'으로 활용한 것은
아니었다. 그러나 그는 다시 한번 중요한 순간에 메시를 중앙에 기용하는 카드를
꺼냈는데, 다름 아닌 맨유와의 2008/09 챔피언스리그 결승전에서였다. 세계
최고의 명장인 퍼거슨 감독이 이끄는 맨유를 상대로 1군 감독 첫 시즌이었던
과르디올라 감독은 전반 10분경 중앙 공격수 포지션에 있던 에투와 오른쪽 윙
자리에 있던 메시의 자리를 바꾸는 전술 변화를 시도한다.

이 변화는 이미 맨유에서 트레블을 포함해 두 차례 챔스 우승 경력이 있던 퍼거슨
감독과 맨유 전체에 혼란을 가져왔고, 결국 정확히 과르디올라 감독이 전술적
변화를 가져간 두 선수가 이날 나온 두 골을 성공시키며 우승자를 결정했다.
에투는 오른쪽에서 쇄도해 들어가며 골을 성공시켰고, 메시는 중앙 지역에서
헤더로 골을 성공시키며 점수를 가져갔다. 이 결승전에서 과르디올라 감독이
퍼거슨 감독을 상대로 거둔 전술적 완승은 그 당시에도 그랬지만, 그로부터
시간이 흐를수록 더욱 상징적인 승리로 여겨지고 있다. 세계 축구 역사상 역대
최고의 감독(GOAT)으로 널리 인정받고 있는 퍼거슨 감독을, 1군 팀 감독 경력
첫 시즌이었던 과르디올라 감독이 챔피언스리그 결승에서 전술적 우위를 통해
격파한 순간이었던 것이다. 결국 이렇게 과르디올라는 바르셀로나 1군 감독으로
데뷔한 첫 시즌에 리그, 코파델레이, 챔피언스리그 우승을 차지하는 '트레블'을
달성하며 단숨에 세계적 명장 반열에 오르게 된다.

이어진 2009/10시즌, 특히 2009년에 바르셀로나는 또 하나의 금자탑을
완성하게 되는데, 8월에 슈퍼컵에서 아틀레틱 빌바오를 꺾고 우승, 이어서 UEFA
슈퍼컵에서 샤흐타르를 꺾고 우승, 끝으로 FIFA 클럽월드컵에서 아르헨티나
클럽 에스투디안테스까지 꺾고 우승을 차지하며 2009년 1년을 기준으로 6개의
대회에서 우승하는 사상 첫 유럽 클럽이 됐다. 과르디올라 감독이 라포르타
회장의 감독 권유를 수락할 때 했던 "모든 대회에서 우승할 것"이라는 약속이
불과 1년 반 만에 이뤄지던 순간이었다.

6관왕을 차지한 후 계속 이어진 2009/10시즌, 바르셀로나는 리그에서 단 1패를
당하며(VS 아틀레티코 마드리드) 승점 99로 2년 연속 라리가 우승을 차지했다.
메시가 35경기에서 34골(리그)을 기록하며 첫 득점왕을 차지했고 과르디올라
감독과 바르셀로나 B에서부터 함께했던 페드로도 계속 성장하는 모습을 보여
줬다. 이 시즌 바르셀로나는 한 시즌 전체를 통틀어 24실점만을 내주며 공수
밸런스에서도 더욱 완벽해진 모습을 보였다. 단, 리그에서 더 강력해진 모습을
보였던 이 시즌 바르셀로나의 아쉬움은 세비야에 져서 조기 탈락한 코파델레이,
그보다 더 아쉬웠던 것은 다시 한번 챔스 결승으로 향해 가던 길에 준결승에서
만난 인터 밀란에 패해 탈락한 일이었다. 인터 밀란은 바르셀로나를 꺾은 후
그 시즌 챔스 우승을 포함해 트레블을 달성했고, 그 인터 밀란을 이끌었던 감독이
시즌 종료 후 레알 마드리드에 부임하면서 과르디올라 감독은 자신의 감독
커리어 중 첫 번째 제대로 된 '맞수'를 만나게 된다.

06

펩 VS 무리뉴,
역대 최고의 엘클라시코와
역대 최강의 바르셀로나

과르디올라가 바르셀로나 1군 팀을 이끌고 보낸 세 번째 시즌이었던 2010/11시즌, 현대
축구 역사상 최고의 감독 라이벌 중 하나의 맞대결이자 정점에 오르고 있었던 역대 최고
두 선수의 맞대결이 펼쳐졌다. 과르디올라 대 무리뉴, 메시 대 호날두가 세계 축구계
최고의 라이벌전인 '엘클라시코'에서 격돌한 것이다.

이 책의 앞부분에서도 짧게 소개했듯 과르디올라와 무리뉴 두 사람은 과르디올라의 선수
시절 이미 바르셀로나에서 함께 시간을 보낸 적이 있었고 당시 모든 관계자들의 증언처럼
가까운 관계를 유지했다. 이후 과르디올라가 이탈리아, 카타르, 멕시코를 거쳐 선수생활을
마감하는 사이 더 빨리 감독 데뷔를 했던 무리뉴 감독은 포르투, 첼시, 그리고 인터 밀란
에서까지 모두 성공을 거두며 빠르게 유럽 최고의 감독으로 올라섰고, 무리뉴보다 몇 년
후 감독 데뷔를 한 과르디올라 역시 바르셀로나 1군 팀 감독 첫 해에 트레블, 이어진
6관왕 등의 성적으로 역시 세계 최고의 감독으로 평가받고 있었다. 거기에 더해 2008년
과르디올라 감독의 바르셀로나 1군 감독 선임 당시 먼저 거론됐던 후보자 중 한 명이
무리뉴였다는 점에서 두 감독이 바르셀로나, 레알 마드리드에서 만난 것은
스페인을 넘어 전 세계 축구계의 관심을
집중시키는 '블록버스터' 였다.

결론부터 말하자면 두 사람의 맞대결은 과르디올라에게 긍정적인 면으로도, 부정적인 면으로도 작용했다. 극한적인 대결 속에 바르셀로나는 한 단계 더 성장해 퍼거슨 감독으로부터 "역대 상대해 본 최고의 팀"이라는 평가를 받는 수준에 이르렀다. 다만 모든 것에 명과 암이 있듯, 긍정적인 면만 있었던 것도 아니었다. 무리뉴 부임 당시 스페인 축구계는 과르디올라의 바르셀로나가 독주하고 있었고 무리뉴와 레알 마드리드의 목표는 그 독주를 끝내는 것이었다. 두 사람의 맞대결에서 상대 전적 등 전반적인 면에서는 과르디올라 감독이 분명히 판정승을 거뒀다 할 수 있겠으나, 무리뉴 감독 역시 과르디올라 감독의 마지막 시즌에 리그 우승 트로피를 레알 마드리드로 가져가며 자신에게 주어졌던 최고의 목표를 결국 달성하는 데 성공했다. 사실은 그에 앞서 두 사람은 이미 맞대결을 가진 바가

있었다. 2010년 4월 챔피언스리그 준결승에서 과르디올라의 바르셀로나 대 무리뉴의 인터 밀란이 만난 것. 여기서 바르셀로나가 이기면 결승에 진출하는데 결승전은 산티아고 베르나베우에서 열릴 예정이었다. 그 때문에 레알 마드리드 팬들은 바르셀로나가 그들의 홈에서 챔스 우승을 확정 지을 것을 이미 걱정하고 있었는데, 그런 상황에서 무리뉴가 인터 밀란을 이끌고 바르셀로나를 만나 격침시켰다. 몇 개월 후 그가 레알 마드리드 감독이 된 것은 너무나도 자연스러운 수순이었다. 그렇게 시작된 과르디올라 대 무리뉴의 첫 엘클라시코에서 바르셀로나는 5 대 0 압승을 거두며 좋은 시작을 보였다. 과르디올라 감독이 1군 팀 부임 당시 직접 마음을 사로잡던 두 핵심 선수 사비, 메시가 최고의 활약을 거둔 이 경기는, 무리뉴 감독에게는 그 당시 기준으로도, 또 현재까지도 감독

커리어에서 당한 최악의 패배로 남아 있다. 과르디올라 감독으로서는 지난 시즌 챔스 준결승에서 무리뉴 감독의 인터 밀란에 패해 결승 진출에 실패한 복수를 확실하게 한 경기였다. 이후 시즌이 흘러가면서 바르셀로나는 결국 리그 우승을 지키는 데 성공했지만, 코파델레이에서 열린 또 한 번의 엘클라시코에서 무리뉴 감독의 전술적 성공과 호날두의 결승골에 우승 트로피를 건네주게 된다. 리그와 코파델레이에서 각각 상대를 꺾으며 공방전을 주고받은 두 감독은 이 시즌 챔피언스리그 준결승에서도 또 만났다. 양 팀의 경기마다 거친 태클과 카드가 난무하고, 무리뉴 감독 특유의 신경전도 계속 이어지던 가운데, 이 경기를 앞두고 과르디올라 감독이 기자회견 중 레알 마드리드 기자회견장을 일컬으며 "(이곳에서는) 무리뉴가 '빌어먹을 대장(F…ing chief)'이겠지."라고 발언한 장면은

현재까지도 잉글랜드와 스페인에서 두 감독의 대립이 최고조에 달했던 순간을 상징하는 장면으로 기억되고 있다. 과르디올라의 감독 커리어에서 그가 기자회견장에서 그런 모습을 보였던 것은 그게 처음이었다. 세계 최고 선수들의 격돌과 최고의 감독 두 사람의 신경전까지 더해지며 전 세계 축구팬들의 관심을 모은 이 시즌 챔스 준결승전이자 '엘클라시코'의 승자는 과르디올라 감독이었고, 특히 첫 경기에서 메시의 골과 활약이 승부를 가르는 데 결정적 역할을 했다. 말 그대로 코파델레이에서는 호날두의 골로 레알 마드리드가 승리를, 챔스 준결승에서는 메시의 골로 바르셀로나가 승리를. 두 최고의 감독과 두 최고의 선수가 이렇게 짧은 간격으로 최고의 무대에서 연달아 승부를 가리는 순간은 어쩌면 앞으로 오랫동안 축구계에서 재현되기 힘들지도 모른다.

2010/11시즌은 역대 최고의 엘클라시코로 세계 축구계 전체가 뜨거웠던 시즌이었지만, 결코 과르디올라 대 무리뉴의
맞대결로만 한정 지을 수 없는 시즌이기도 했다. 레알 마드리드를 꺾고 결승에 오른 바르셀로나는 알렉스 퍼거슨
감독이 이끄는 맨유와 격돌했고, 이 경기에서 바르셀로나가 보여 준 경기력은 그 경기를 지켜본 팬들, 그리고
그 경기에서 뛴 상대 팀 선수, 또 적장 모두에게서 찬사를 이끌어 내기 충분했다. 페드로와 루니의 골로 1 대 1로 맞선
양 팀은 후반전에 돌입했고, 승부의 균형을 깬 것은 다름 아닌 메시였는데 이 경기에 대해서 퍼거슨 감독은 전 맨유
주장 게리 네빌과의 인터뷰에서 이렇게 말했다.

전반전이 끝나고 (1 대 1이었을 때) 박지성에게 메시를 막도록 해야 했어. 그렇게 하지 않은 것은 내 실수였지.
만약 그때 그렇게 했더라면, 나는 우리가 그 경기를 이길 수 있었다고 생각해.

퍼거슨 감독은 이날 상대 팀이었던 과르디올라 감독의 바르셀로나에게도 그가 그때까지 상대해 본 최고의 팀이었다고
극찬했다. 직접 피치 위에서 뛴 선수의 시점에서는 어땠을까? 이날 맨유의 중원을 담당했던 미드필더 마이클 캐릭은
이 경기에서의 바르셀로나에 대해 다음과 같이 말했다.

반 데르 사르

파비오　　퍼디난드　　비디치　　에브라

발렌시아　　캐릭　　긱스　　박지성

루니

에르난데스

페드로　　메시　　비야

이니에스타　　사비

부스케츠

아비달　　피케　　마스체라노　　알베스

발데스

2010/11시즌 챔피언스리그 결승전 라인업

지금까지 내가 본 세계 최고의 축구였다. 그때까지 상대한 모든 팀들과 아주 큰 격차가 있는, 그때 바르셀로나 팀은 정말 너무 강했다. 특히 내가 가장 인상 깊었던 것은 양 측면 공격수들의 플레이였다. 그들은 간격을 아주 넓게 벌려서 끊임없이 달렸다. 볼이 자신에게 오지 않는 상황에서도 말이다.

2011/12, 바르셀로나에서의 마지막 시즌,
짧은 시간 안에 한 클럽에서 달성할 수 있는 모든 우승을 차지하고 축구 역사상 최고의 팀 중
하나로 손꼽히는 팀을 완성한 과르디올라 감독은 바르셀로나에서 보낸 시즌 중에서는 가장 조용한 성적을 남겼다.
리그에서는 무리뉴 감독이 이끈 레알 마드리드가 당시까지 최다 승점 기록이었던 승점 100점을 기록하며 바르셀로나의
라리가 독주를 끝냈고, 챔스에서는 그 시즌 우승 팀이 되는 첼시에 패하며 준결승에서 탈락했다. 그러나 시즌 말미에
가진 코파델레이 결승에서는 아틀레틱 빌바오에 3 대 0 승리를 거두며 바르셀로나에서의 마지막 우승 트로피와 함께
위대한 시대를 마감했다. 과르디올라 감독의 바르셀로나 시대는 그 화려함과 위대함에 비해 너무나도 빠르게 끝난 감이
있는 것이 사실이고 그에 대해 많은 말들과 추측이 오갔다. 과르디올라 감독과 두 차례 챔스 결승에서 만나 두 차례
모두 패했으나, 그의 능력을 누구보다 잘 알고 있었던 맨유의 퍼거슨 감독 역시 '도대체 왜 바르셀로나를 떠난 거냐'고
펩의 주변인에게 물었던 것이 훗날 일화로 밝혀졌을 정도였다. 그에 대해서는 각종 추측이 난무했으나 가장 정확한
이유는 펩 본인에게서 들을 수 있다. 펩은 이 설에 대해 자신의 평전을 쓰기 위해 취재한 취재 기자와의 인터뷰에서
다음과 같이 말했다.

" "

(회장과의 불화설 등은) 전혀 사실이 아니다. 나는 그저 지쳐서 바르셀로나를 떠났다.

그에 대해서 이미 2011년 10월에 회장에게 내 의사를 전달했고 그 이후로 내 마음은 바뀐 적이 없었다.

그해 우리는 4개의 우승 트로피를 차지했고 우리는 레알 마드리드전에서 사용한 3-4-3 전술,

클럽월드컵에서 사용한 3-7-0 전술 등을 활용하며 더 잘하고 있었다.

하지만 나는 너무 지쳐 있었고 더 이상 새로운 전술적인 아이디어가 남아 있지 않았다.

그게 내가 바르셀로나를 떠난 이유다. 그 이외에 어떤 다른 이유도 없다.

4 SEASONS / 14 TROPHIES

3회 : 라리가 우승

2회 : 챔피언스리그 우승

2회 : 코파델레이 우승

3회 : 스페인 슈퍼컵 우승

2회 : 유럽 슈퍼컵 우승

2회 : 클럽월드컵 우승

바이에른 뮌헨
: '미션 임파서블'에 도전, 성공과 실패 사이

바르셀로나를 떠난 후, 과르디올라 감독은 미국 뉴욕에서 휴식기를 보냈다. '왜 뉴욕이었는가?'
라는 질문에 과르디올라 본인은 자신보다 '아내를 위한 선택이었다'고 답했다. 그렇게 시간이
흐르던 2013년 1월, 바르셀로나 감독직에서 물러난 펩 과르디올라 감독의 새 행선지가
밝혀졌다. 독일 분데스리가 최강팀이자 유럽 축구 전체에서도 최고 명문 클럽 중 하나로
손꼽히는 바이에른 뮌헨이었다. 과르디올라 감독은 자신이 부임하기 직전 시즌에
챔피언스리그 우승을 포함해 '트레블'을 달성한 팀을 이어받았는데,
이것은 과르디올라가 부임한 그 시즌을 기준으로 1992년
챔피언스리그 출범 이후 단 한 팀도 2년 연속 챔스 우승을
한 적이 없다는 사실을 감안하면 사실상 전 시즌보다
더 나아지는 것이 '미션 임파서블'에 가까운 팀을
이어받은 셈이기도 했다. 분데스리가 공식
홈페이지에 소개된 당시 일화에 따르면,
과르디올라의 뮌헨행은 뮌헨의 가장 중요한
결정권자인 두 사람 울리 회네스, 칼 하인츠
루메니게 두 사람의 비밀 회동에서 시작됐다.
그 시즌 최종적으로 뮌헨을 '트레블'로 이끌며
최고의 자리에서 내려오게 된 유프 하인케스
감독은 그 시즌을 끝으로 은퇴할 의사를
밝히고 있는 상황이었고, 그런 상황에서
두 사람은 과르디올라 감독을 차기
감독으로 선택한 후 각각 그 결정에
대해 다음과 같이 말했다.

하인케스의 후임자가 될 만한 가치가 있는 유일한
적임자는 펩 과르디올라다. _회네스
펩 과르디올라 감독은 세계 최고의 성공적인 감독 중
한 명이며 우리는 그가 뮌헨과 독일 축구에 새로운
불꽃을 더해 줄 것이라 확신한다. _루메니게

독일 축구 최고의 클럽에서 클럽 내 최고 실력자들의 선택을 받아 새로운 커리어를 시작하게 된 과르디올라 감독도 이렇게 답하며 새로운 행보를 시작했다.

"

나는 준비가 됐다. 바르셀로나에서 나의 시간은 훌륭했지만,

이제 나에겐 새로운 도전이 필요하고

바이에른이 나에게 그 기회를 줬다.

"

과르디올라가 뮌헨에서의 생활을 준비한 과정은 그가 바르셀로나 B팀에서 했던 방식과 거의 흡사했다. 즉 상대 팀에 대한 철저한 연구와 끊임없는 새로운 축구 아이디어의 고찰이 그것이었다.
그러나 과르디올라의 독일 공식 경기 데뷔전은 의외의 패배로 끝이 났는데, 이때 펩에게 패배를 선사한 감독은 이후 도르트문트와 리버풀에서 계속해서 과르디올라 감독과 경쟁하며 마치 바르셀로나 시절 무리뉴 감독과 과르디올라가 가졌던 것과 같은 치열한 경쟁 구도를 갖게 된다. 위르겐 클롭 감독이 그 주인공이다.*
첫 시즌, 과르디올라 감독은 바르셀로나에서 영입한 티아구 알칸타라를 자신의 바르셀로나 선수 시절 포지션인 피벗으로 활용하는 4-1-4-1 포지션 그리고 당대 최고의 라이트백이었던 필립 람을 수비형 미드필더로 포지션을 변경하고 슈바인슈타이거와 동시에 중앙 수비수 앞에 포진하는 전술인 4-2-3-1 포지션 등등을 활용하며 각종 리그 기록을 경신했다.
우선 이 시즌 그들이 달성한 리그 개막 후 18경기에서 15승리는 2020년 한지 플릭 감독이 경신할 때까지 구단 역사상 최고의 스타트 기록이었다. 이 기간 중에 그들은 베르더 브레멘에 7-0 승리를 거뒀고, 슈퍼컵에서 패배를 안겼던 도르트문트에게 3-0 승리를 거두기도 했다.

---

* 물론, 무리뉴 감독과 과르디올라 감독은 바르셀로나와 레알 마드리드 시절 이후에도 계속해서 감독으로서 대결을 이어 가게 됐지만, 분데스리가에서 클럽 감독과 맞대결이 시작된 후 과르디올라 감독에게 가장 치열하게 맞선 감독은 클롭 감독이었던 것이 사실이다.

결국 이 시즌 뮌헨은 27경기 만에 리그 우승 확정이라는 가장 빠른 리그 우승
확정 기록을 달성했고 최종적으로 94골, 90승점의 압도적인 성적으로 리그를
마무리했다. 또, 리그 시작 이후로 28경기에서 무패한 것 역시 현재까지도 리그
기록으로 남아 있다. 그러나 그런 압도적인 리그 내 성적에도 불구하고
과르디올라는 첫 시즌 후반부에 큰 암초를 만나게 됐는데, 이때 그가 겪은 일은
그 후로도 그의 바이에른 뮌헨 시절에서 겪은 모든 이슈들의 상징적인 한 장면처럼
남아 있다. 문제의 발단이 된 것은 레알 마드리드와의 챔피언스리그 4강,
더 정확히는 2차전이었다. 1차전 원정에서 0-1로 패한 뒤 뮌헨의 핵심 선수들 중
일부가 과르디올라 감독에게 그가 이전까지 한 번도 들어 본 적이 없는 요구를 한
것이다. 당시 상황에 대해 빌트의 크리스티안 폴크 축구 편집장은 이렇게 말했다.

그 경기 전에 슈바인스타이거, 로번, 리베리, 뮐러, 노이어 등의 선수들이
과르디올라 감독에게 이전의 바이에른 뮌헨 스타일로 경기를 하자고 요구했다.
과르디올라 감독은 선수들의 요청에 응했고 그 결과 대패를 당했다.

결국 뮌헨은 홈에서 열린 이 경기에서 0-4라는 굴욕적인 패배를 당했는데
전 시즌 트레블을 달성했던 뮌헨이 챔스 4강에서 탈락했다는 것도 문제였지만,
더 큰 문제가 된 것은 과르디올라 감독이 그 경기 후 기자회견에서 "팀이 오늘
우리가 경기를 할 방식을 선택했고, 나는 그들이 그렇게 하게 했다"고 말한
발언이었다. 즉, 감독이 드레싱룸에서 있었던 일과 선수들의 요구, 그리고 그에
대한 결정을 공개 석상에서 만천하에 알린 것이었다. 그의 결정과 발언에 대해
당시 독일 스카이스포츠 해설자였던 마르셀 레이프는 이렇게 말했다.

그의 발언은 그 전까지 독일에서 보던 것과는 완전히 다른 것이었다.
나의 개인적인 의견을 말하자면, 그것은 부적절한 일이었다.

이 일은 스페인과 독일의 문화 차이라고 볼 수도 있는 부분이었지만, 당시
과르디올라 감독이 일하고 있던 독일의 관점에서는, 특히 바이에른 뮌헨 시절
과르디올라 감독이 보여 줬던 몇몇 아쉬운 장면들, 혹은 특히 바이에른 뮌헨과
독일 현지의 팬들에게 신임을 잃게끔 만드는 큰 계기가 된 일이었다.
과르디올라 감독이 말한 것은 물론 '사실'이었지만, 다른 관점에서 보자면 그가
한 일은 감독과 선수들 사이에서 있었던 일, 즉 드레싱룸에서만 존재하고 외부로
노출되지 않을 수 있었던 일을 감독이 공개 석상에서 외부로 드러내는 일인
동시에, 보기에 따라서는 "그러므로 나의 잘못이 아니다"라는 입장을 밝힌 것처럼
해석될 수 있는 일이었다.
이 장면을 포함해 과르디올라 감독이 바이에른 뮌헨 시절 보여 줬던, 팬들의
비판대에 올랐던 몇몇 일들은 세계 최고의 감독으로 인정받는 과르디올라
감독 역시 장점과 단점이 공존하는 사람이라는 것을 보여 주는 대목이고,
또 더 확대하여 과르디올라 감독의 입장에서 보자면 자신이 선수로 뛰었던
바르셀로나에서의 성공을 떠나 처음 해외에서 감독으로 경험하는 클럽에서,

자기 자신을 더 발전시켜 가는 과도기에 있었다고도 볼 수 있는 대목이다.

뮌헨에서의 첫 시즌, 챔스 4강에서 허무하게 탈락한 그 순간부터 과르디올라 감독은
이후 맨시티에서 챔피언스리그 우승을 차지하는 2022/23시즌까지 반복해서 나오는
비슷한 상황에 직면하게 된다. 그 시즌 바이에른 뮌헨은 리그 우승에 더해서 포칼컵
대회에서 도르트문트를 상대로 로벤, 뮐러의 골에 힘입어 2 대 0 승리를 거두며 우승을
차지해 '더블'을 달성했지만 팬들은 마치 그것은 당연한 것이고 중요하지 않은 것처럼
반응했다. 오직 챔피언스리그에서의 4강 탈락만 말하면서. 과르디올라 감독 본인은
그런 상황을 이해하지 못했고, 팬들도 과르디올라 감독에게 완벽하게 만족하지 못하는
상황이 이어지기 시작했다. 어쩌면 그것은 바르셀로나 감독 시절의 그가 거둔 성과로
인해 주어진 엄청나게 높은 기대치 때문이었는지도 모른다.

두 번째 시즌, 과르디올라 감독은 리그 내 최고 공격수였던 로베르트 레반도프스키와
월드 클래스 미드필더 사비 알론소를 영입하며 전력을 보강했고 뮌헨은 17라운드까지
무패 1위 행진을 달렸다. 그에게 시즌 첫 패배를 안긴 팀은 볼프스부르크였는데, 특히
그 경기에서 뮌헨의 패배와 볼프스부르크의 승리에 가장 큰 영향을 끼친 선수는 미래에
맨시티에서 감독과 선수로 만나게 되는 미드필더 케빈 더브라위너였다. 더브라위너는
펩과 뮌헨에 강한 면모를 훗날 다시 한번 발휘하는데, 2015년 DFL 슈퍼컵에서
볼프스부르크의 후반 44분 동점골을 어시스트하며 결국 볼프스부르크가 뮌헨을 꺾고
우승하는 데 일등 공신이 된 것이다.

한편, 이 시즌 뮌헨의 가장 큰 문제 역시 마찬가지로 챔피언스리그였다. 그리고 이 시즌
챔스에서 과르디올라 감독의 발목을 잡은 것은 다른 누구도 아닌 '바르셀로나'였다.
특히 1차전 바르셀로나 원정에서 77분, 80분에 자신의 제자였던 메시에게 두 골을
연속으로 내주며 네이마르의 골까지 합해 0–3 패배를 당한 것은 한 시즌 전 챔스
준결승에서 레알 마드리드에 완패를 당했던 일과 겹쳐져 과르디올라 감독의
챔피언스리그 운영 능력에 의구심이 붙게 되는 신호탄이 됐다.

세 번째 시즌의 상황도 비슷했다. 과르디올라의 뮌헨은 시즌 시작 후 10연승을 달리며
이미 다시 한번 리그에서 압도적인 성적을 보여 준 끝에 결국 리그 우승을 차지했고,
포칼컵 우승까지 차지하며 자국 무대에서 '더블'을 달성했다. 하지만 또 한 번 챔스
준결승에서, 물론 강팀이지만 뮌헨, 레알 마드리드, 바르셀로나 3팀에 비해서는 한 수
아래로 평가받았던 아틀레티코 마드리드에 원정 0–1패를 당한 것을 극복하지 못하고
결국 이번에도 준결승에서 탈락하게 됐다.

기묘하게도, 스페인 출신으로 바르셀로나에서 네 시즌 중 세 시즌 리그 우승과 두 시즌
챔스 우승을 차지했던 과르디올라 감독은 뮌헨에서 세 시즌 연속 스페인 팀을 넘지
못하고 챔스 준결승에서 탈락하는 상황에 놓이게 됐고, 이로 인해 과르디올라 감독이
바르셀로나 시절 거둔 성공이(특히 챔스에서) 메시, 사비, 이니에스타 등 최고의 '선수들
덕분'이 아니냐는 비판의 목소리가 높아지기 시작했다.

물론 이것은, 이 책의 앞 챕터에서 서술했듯 당시 어수선하던 바르셀로나와 스타들의
상황을 정리하고 바르셀로나를 최고의 팀, 그 팀의 선수들을 세계 최고의 선수들이
되게끔 지도하고 조력한 일등 공신 그 자체가 과르디올라 감독이었기에 지나친
결과론적 해석이다. 하지만 이 챔피언스리그 안에서 과르디올라 감독의 경쟁력에 대한
의문부호는 이후 그가 맨시티에서 다시 한번 챔피언스리그 우승을 차지하는 22/23시즌

까지 그의 뒤를 계속해서 따라다니는 대표적인 비판이 된다. 이런 지적에
과르디올라 감독은 공식 기자회견에서 여러 차례 '리그 우승이 당연시되고
저평가되는 현실'에 대한 비판을 때로는 우회적으로 때로는 직접적으로
드러냈지만, 이는 어쩌면 과르디올라라는 감독에게 걸린 최고 수준의 기대감과
그에 따르는 숙명인지도 모른다.

결론적으로 바이에른 뮌헨에서의 세 시즌 동안 과르디올라 감독은 102경기의
분데스리가 경기 중 82경기에서 승리하며 80.4%의 승률을 남겼다. 리그에서
압도적 성적을 내고 3년 연속 우승을 차지했으며, 3년 연속 챔스 준결승에 오른
과르디올라 감독의 바이에른 뮌헨 시절이 성공인지 실패인지에 대해서는
해외에서도 국내에서도 엇갈린 평가가 존재한다. 실제로 이것은 단순히 의견
차원의 문제가 아니다. 기록으로 드러나는 팩트에 의거할 때도 세 시즌 중
세 시즌 연속 리그 우승이라는, 절대 실패로 규정할 수 없는 근거와 세 시즌 중
세 시즌 모두 챔스 결승 진출 실패라는, 바이에른 뮌헨이라는 클럽의 기준에서는
절대 성공으로 규정할 수도 없는 근거가 동시에 존재하기 때문에 어쩌면 영원히
평행선을 달릴 수밖에 없는 논제라고도 볼 수 있다.

다만 이 논쟁의 서로 다른 측면에서 가장 확실한 두 가지 사실은, 하나, 바이에른
뮌헨이라는 팀의 관점에서 볼 때 과르디올라 감독이 이어받은 바이에른 뮌헨이
이미 '트레블'을 달성한 유프 하인케스의 뮌헨이었다는 점에서 그가 전임자와
같거나 그보다 더 나은 성적을 거두는 것이 사실상 '미션 임파서블'에
가까웠다는 것. 둘, 과르디올라의 관점에서 볼 때 그가 바르셀로나에서 거둔
압도적인 성과(첫 시즌 트레블, 두번째 시즌 6관왕)로 인해 그의 바이에른 뮌헨
시절의 성과가 상대적으로 그에 못 미치는 것으로 보이는 면이 있을 수밖에
없다는 것이다. 특히 이것은 과르디올라 감독이 맨시티에서도 마침내 트레블을
달성(22/23시즌)하면서 더더욱 그렇게 보이는 면이 있다.

즉 22/23시즌 종료 기준으로 펩 과르디올라 감독은 바르셀로나, 뮌헨, 맨시티를
이끌었는데 그중 두 팀에서 챔스 우승을 포함하는 트레블을 달성한 반면, 오히려
과르디올라 감독 부임 직전에 트레블을 달성했던 뮌헨에서만 그렇지 못했으니
상대적으로 뮌헨 시절이 더 실패에 가깝게 느껴지는 측면이 있다는 것이다.

또 다른 관점에서 과르디올라 감독에 대해서는 크게 평론가(해설가, 기자)들과
바이에른 뮌헨의 팬들 사이에서 의견이 갈리는 경향이 있다. 과르디올라 감독에
대한 다양한 독일 전문가들의 의견 중, 크리스토퍼 폴크 빌트 축구 편집장의
의견은 시사하는 바가 크다. 그는 과르디올라 감독에 대한 다큐멘터리에 출연해서
다음과 같이 말했다.

**펩이 뮌헨을 더 발전시켰다는 것은 명백하고, 전에 없던 수준으로 끌어올렸다.
다만 뮌헨의 팬들은 그 전의 감독에게 했던 것처럼 열정적으로 그의 이름을
부르지 않았다. 과르디올라에게 뮌헨은 하나의 '직업'이었다. 그리고 뮌헨의
팬들은 자신을 사랑하지 않는 감독을 그들 역시 사랑하지 않았다.**

과르디올라의 뮌헨 시절 뮌헨에 입단했던 레반도프스키는 스스로 "공격수의 입장에서 분데스리가는 아주 어려운 리그이고 나는 그를 통해서 더 발전했다"고 인정했다. 끝으로, 과르디올라 감독의 계약 종료가 발표된 후, 바이에른 뮌헨 최고의 레전드인 베켄바우어는 아래와 같이 말했다.

과르디올라는 뮌헨에서 3년간 일곱 대회에서 우승을 차지했다.
챔피언스리그 우승 없이도 그는 클럽에서 큰 자취를 남겼다.

MANCHESTER CITY

FOOTBALL CLUB

라이벌 구단

MANCHESTER UNITED
맨체스터유나이티드

LIVERPOOL
리버풀

TOTTENHAM HOTSPUR
토트넘

CHELSEA
첼시

ARSENAL
아스널

주요 클럽 레코드

680경기 **최다 출장**
알란 오크스

260득점 **최다 득점**
세르히오 아게로

1억**1,750**만 유로 **최고 이적료 영입**
잭 그릴리시

5,600만 유로 **최고 이적료 퇴단**
라힘 스털링

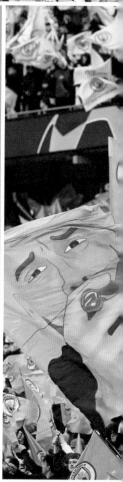

주요 우승 기록

PREMIER LEAGUE_FIRST DIVISION

9

프리미어리그
퍼스트디비전

1936-37
1967-68
2011-12
2013-14
2017-18
2018-19
2020-21
2021-22
2022-23

LEAGUE CUP

8

리그컵

1969-70
1975-76
2013-14
2015-16
2017-18
2018-19
2019-20
2020-21

FA CUP

7

FA컵

1903-04
1933-34
1955-56
1968-69
2010-11
2018-19
2022-23

CHAMPIONS LEAGUE

1

챔피언스리그
2022-23

맨체스터시티 FC

창단	1894년 4월 16일*
상징색	하늘색(Sky Blue)
홈구장	에티하드 스타디움
연고지	노스웨스트 잉글랜드, 그레이터 맨체스터 주, 맨체스터
구단주	만수르 빈 자이드 알나얀
감독	펩 과르디올라

*전신 세인트 마크스가 창단된 1880년을 구단이 탄생한 해로 보기도 함

맨시티 전반기

: 과르디올라 첫 무관에서
자국 대회 트레블까지

맨시티 감독에 부임하기 전까지 펩 과르디올라는 라리가에서 네 시즌 중 세 시즌 리그 우승과 두번의 챔피언스리그 우승, 분데스리가에서 세 시즌 중 세 시즌 리그 우승이라는 압도적 성과를 냈다. 앞서 정리한 대로 뮌헨 시절 3년 연속 챔스 준결승 탈락이라는 기록에 대해 의문부호가 달리긴 했으나, 모든 스포츠 종목에서 가장 중요하게 여겨지는 자국 정규 리그 우승이라는 목표에 대해 일곱 시즌 중 여섯 시즌 우승이라는 기록은 여전히 세계의 모든 유럽 축구팀들이 그를 원하게 만드는 이유로 충분했다. 뮌헨에서의 마지막 시즌, 그에게 구애를 보낸 클럽들은 많았으나 그의 다음 행선지는 맨시티였다. 펩 부임 이전까지 맨시티는 2008년 셰이크 만수르 구단주가 이끄는 아부다비 유나이티드 그룹에 인수된 후로 가파른 상승세를 타고 있었다. 더 정확히는 2007년, 태국 전 총리 탁신 친나왓의 인수 후에도 대규모 투자가 이뤄지긴 했으나, 그는 1년여 만에 정치적 스캔들로 인해 맨시티를 매각했고, 이를 이어받아 인수한 것이 만수르 구단주다.

과르디올라 감독이 맨시티를 선택한 이유는 간단명료했다. 크게 두 가지, 맨시티가 오랫동안 그를 원하며 그에게 정성을 보였다는 것, 그리고 바르셀로나 시절부터 동료 선수였고, 그의 바르셀로나 감독 데뷔 시절에 결정적 역할을 했던 치키 베히리스타인, 또 그 시절 바르셀로나의 부회장이었던 페란 소리아노가 모두 맨시티에서 중요 포지션을 맡아 일을 하고 있었기 때문이다. 그중에서도 과르디올라 감독과 치키 베히리스타인의 관계는 현재까지도 진행형인 가장 성공적인 감독과 단장의 관계 중 하나로 보기에 무리가 없다.

이탈리아 출신의 만치니 감독(2009–13년), 칠레 출신의 페예그리니 감독(2013–16년)을 거치는 사이 맨시티는 2011/12시즌의 극적인 리그 우승, 2013/14시즌의 리그 우승, 그리고 2010/11시즌의 FA컵 우승과 2013/14, 2015/16시즌의 리그컵 우승을 거치며 확실한 프리미어리그의 새로운 강자로 발돋움한 상태였다. 다만 맨시티의 목표는 '새로운 강자' 수준에서 그치지 않고 1990년대 초반 퍼거슨 감독 시절 맨유가 했던 것처럼 프리미어리그 최강자가 되어 리그와 유럽을 독주하는 것이었고, 그런 그들에겐 맨시티를 한 단계 더 위로 끌어올려 줄 선장이 필요했다. 그런 그들에게 일곱 시즌 중 여섯 시즌 리그 우승이라는 기록을 이어 가고 있던 펩 과르디올라보다 좋은 선택지는 없었다. 그런 측면에서 과르디올라 감독과 맨시티의 만남은 그 자체로 프리미어리그 최고가 될 모든 조건을 갖추고 있었다고도 볼 수 있다. 단, 경쟁과 변수가 넘쳐 나는 프리미어리그에서 '이론'을 '현실'로 만드는 것은 결코 쉽지 않다. 막대한 자금을 투자하고도 실패하는 클럽의 예는 매년 늘어나고 있다. 맨시티의 과제는 조건을 현실로 바꾸는 것이었다. 그렇게 시작된 16/17시즌은 과르디올라의 감독 데뷔 후 현 시점까지(2023년) 처음이자 유일한 '무관'으로 끝났다.

시작은 좋았다. 리그 개막 후 모든 대회 경기를 통틀어 10연승을 달렸고, 이 중에선 무리뉴 감독이 이끌고 바르셀로나 시절 과르디올라 감독과 가장 관계가 좋지 않았던 즐라탄 이브라히모비치가 뛴 맨유와의 맨체스터 더비전에서의 승리도 있었다. 이 경기에서 즐라탄은 직접 골을 기록했으나 맨시티의 케빈 더브라위너, 이헤나초의 골이 승점 3점을 맨시티에 안겼다. 분데스리가 시절 과르디올라 감독에게 몇 차례 가장 날카로운 타격을 안겼던 케빈 더브라위너는 맨시티에서 과르디올라 감독과 만난 후 자신도 세계 최고의 미드필더로 성장하는 동시에 과르디올라 감독과 맨시티에게도 최고의 무기가 됐다.

이 시즌, 과르디올라 감독은 펠레그리니 감독 시절 맨시티가 즐겨 쓰던 4–4–2나 4–2–3–1을 버리고 기본적으로 4–3–3 전형을 활용하면서, 볼을 점유하고 있는 상황에서는 자주 3–2–5의 형태로 공격을 전개했다. 그의 트레이드마크 중 하나인 '인버티드 풀백' 전술이 상시 나왔고 그 대신

수비형 미드필더가 중앙 수비 자리로 내려가서 빌드업을 시작하는, 펩 감독의 가장
전형적인 전술이 시도됐던 시기였다. 한편, 맨시티의 하락세가 시작된 시점은 다름 아닌
토트넘 원정에서의 패배였다. 2016년 10월 2일 토트넘 홈에서 열린 경기에서 맨시티는
토트넘에 무력하게 0-2로 패배했고 그 후로 맨시티는 에버튼, 사우스햄튼에 2연속 무승부를,
11월 5일 미들즈브로전에서 또 한 번 1-1 무승부를 거두며 흔들리는 모습을 보여 줬다.
과르디올라 감독의 맨시티는 이후에도 첼시, 레스터, 리버풀과의 리그 경기에서 패했는데
가장 심각했던 패배는 에버튼 원정에서 당한 0-4 패배였다. 이 패배는 세계 최고의 축구
리그인 프리미어리그에서 과연 과르디올라 감독이 성공을 거둘 수 있을지 의구심이 들게
만드는 대패였다.
챔스 16강에서 분명히 한 수 아래의 전력으로 평가받던 팀인 모나코에 합산스코어 결과 끝에
패하며 탈락한 것은(1차전에선 5-3으로 승리했으나, 2차전에서의 1-3 패배가 결정적) 뮌헨
시절 유럽 최고의 팀 중 하나인 뮌헨을 이끌고 3년 연속 챔스 결승 진출에 실패하며 그에게
따라붙은 챔스(토너먼트)에서의 지도력에 대한 의구심을 더욱 증폭시키는 계기가 되기도 했다.
물론, 과르디올라 감독은 그 전에도 그 후로도 그렇듯 시즌 후반부로 갈수록 특히 리그에서
강해지는 모습을 보여 주었다. 그렇게 리그를 3위로 마무리하며 다음 시즌 챔피언스리그
출전권을 확보하고 시즌을 마감했지만, 큰 기대에 비해 실망스러운 시즌이었음은 자명했다.
스카이스포츠의 패널인 폴 머슨은 이 시즌 맨시티에 대해 다음과 같이 평가했다.

과르디올라가 보여 준 모습은 좋지 못했다. 그가 가진 스쿼드를 생각하면 당연히 리그 우승을
다퉜어야 하는 시즌이었다. 내가 보기에, 과르디올라 감독은 앞으로 크게 나아져야 한다.

과르디올라 감독과 맨시티의 첫 시즌이 기대 이하였던 이유에 대해 다양한 분석이 있었지만,
가장 대표적으로 거론된 것은 시즌 내내 계속 이뤄진 변화, 즉 과르디올라 감독의 관점에서는
맨시티에서 새로운 최고의 조합을 찾아내기 위한 실험이 있었다는 점, 또 조 하트를 내보내고
활용한 골키퍼인 클라우디오 브라보보다 더 높은 클래스의 골키퍼와 중앙 수비수, 측면 수비수
등의 라인업에 다음 시즌을 위한 보강이 필요하다는 점 등이 당면한 문제로 지목됐다.
맨시티에서의 두 번째 시즌이었던 17/18시즌, 과르디올라 감독은 정확히 그 포지션들에
착실한 보강을 성공시켰고 그들은 단숨에 아주 다른 모습을 보여 주기 시작했다.
새 시즌을 앞두고, 과르디올라 감독은 전 시즌 챔피언스리그에서 상대했던 모나코에서 레프트백
벤자민 멘디, 그리고 미드필더 베르나르두 실바를 영입했다. 맨시티에서의 첫 시즌 문제점으로
지목됐던 골키퍼 포지션엔 자신이 원하는 플레이에 가장 특화된 골키퍼인 브라질 출신의
에데르송을 벤피카에서 영입했고, 라이트백 자리에도 토트넘에서 최고의 성장세를 보여 줬던
카일 워커를 영입했다. 그에 더해서 레알 마드리드 수비수 다닐루를 영입했다. 이 선수들은
대부분 과르디올라 감독이 자신의 스타일을 프리미어리그에서 구현하는 데 즉각적인 도움을
줬다. 과르디올라 감독은 첫 번째 시즌을 거치면서 기존에 맨시티가 보유하고 있던 선수들을

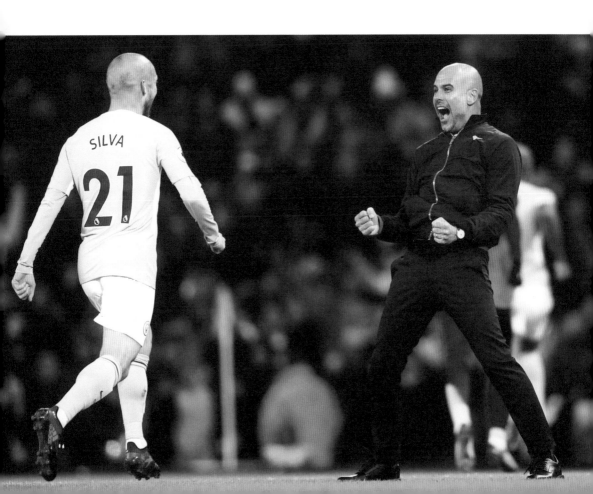

활용할 최선의 방법에 대한 연구를 완성했고 그 위에 첫 시즌에 부족했던 부분들을
맨시티가 보유한 최고의 자금력을 통해 채웠다. 그 결과, 과르디올라 감독이 추구하는
축구가 제대로 구현되기 시작했던 이 시즌, 맨시티는 평균 점유율 71.9%를 기록했고
이는 현재까지도 구단 자체 기록으로 남아 있다. 그렇게 시작된 과르디올라 감독의
두 번째 시즌, 맨시티는 아무도 막지 못할 기세로 달려 나갔다. 8월부터 12월까지
리그에서 18연승을 포함해 모든 대회 22경기 무패를 기록한 것이다. 이미 그 시점부터
리그 우승은 맨시티의 것으로 기운 상태였고, 1월에 리버풀에 당한 리그 패배로 인해
'무패 우승'의 가능성이 사라진 것이 아쉬운 대목이었으나 맨시티는 2018년 2월 25일
아스널을 3 대 0으로 꺾고 리그컵 우승을 차지하며 과르디올라 감독 체제에서 첫 우승
트로피를 들어 올렸다. 또, 이 결승전에서 맨시티의 세 득점자가 맨시티 최고의
레전드들인 아구에로, 콤파니, 다비드 실바였다는 점 역시 의미가 남달랐다.
이미 리그에서의 우승은 확정적인 상황에서 리그컵 우승을 차지한 맨시티에게
FA컵에서의 조기탈락과 리버풀과의 챔스 8강에서 탈락한 것은 아쉬움으로 남았지만,
이 시즌 더 인상적이었던 것은 이미 시즌의 중요 목표물이 모두 귀결된 후에도 계속해서
팀에게 동기 부여를 해서 끝까지 달려 나가게 만든 과르디올라 감독의 리더십이었다.
그 결과, 맨시티는 이 시즌을 총 106골, 승점 100점으로 마감했고 그것은 프리미어리그
역대 최고 기록이었다. 이 시즌 맨시티가 보여 준 압도적인 경기력과 전술, 스타일은
이후 프리미어리그 팀 전체에 영향을 미쳤다고 평가받는다. 선수들의 측면에서도
다비드 실바를 포함해 모든 선수들이 최고 수준의 퍼포먼스를 보여 줬지만 그중에서도
과르디올라의 뮌헨 감독 시절 그에게 가장 치명적인 타격을 입힌 상대 팀 선수 중
한 명이었던 케빈 더브라위너의 활약은 군계일학이었다. 그는 이 시즌 총 52경기에
출전해 12골을 기록했고, 시즌 내내 환상적인 패스를 선보이며 차세대 유럽 최고의
미드필더로 등극했다. 이 시즌 과르디올라 감독의 리더십과 맨시티 클럽 내부의 상황에
대해서는 아마존 다큐멘터리 All or Nothing에서 심도 있게 소개된 바 있다.
그 다큐멘터리에서 가장 인상 깊었던 펩 과르디올라의 코멘트는 아래와 같다.

"

솔직히 말하자면, 내가 모든 답을 갖고 있는 것은 아니다.

그러나 나는 종종 답을 모를 때도 선수들 앞에서는 아는 것처럼 행동한다.

내게 해답이 있다고 믿는다면 선수들이 자신감을 갖고 경기에 나설 수

있기 때문이다. 나는 선수들의 아버지, 형, 혹은 아들의 역할을 해야 한다.

내가 살면서 받길 바라는 조언을 선수들에게 해 주려고 노력한다.

"

과르디올라의 세 번째 시즌이었던 18/19시즌, 맨시티는 리그, FA컵, 리그컵 세 대회에서
우승하는 '자국 대회 트레블'을 달성하며 과르디올라 체제에서 완벽한 리그 내 최강자로
자리 잡았다. 이 시즌은 특히 과르디올라 감독의 전술적 역량이 빛을 본 시즌이기도
했는데 핵심 플레이메이커 케빈 더브라위너가 많은 경기에 나서지 못했고 이를
해결하기 위해 과르디올라 감독은 다비드 실바, 베르나르두 실바, 스털링, 사네 네 명의

선수들에게 전술적으로 더 중요하고 다양한 역할을 맡겼고 이 네 명의 선수들은 모두 좋은 활약을 보이며 팀의 성공을 이끌었다. 또 왼발을 주발로 쓰는 두 수비수인 라포르테, 진첸코의 조합도 과르디올라 감독의 빌드업 플레이에 큰 도움이 되기도 했다. 리그를 기준으로, 맨시티는 직전 시즌과 같은 32승을 기록하며 승점 98점으로 리그 1위 자리를 유지했다. 이 시즌은 특히 후술할 클롭 감독의 리버풀과의 경쟁이 본격화된 시즌이었는데, 맨시티는 12월에 부진을 겪으며 한때 1위였던 리버풀에 7점 뒤처지기까지 했지만 리그 후반부에 14연승을 포함한 압도적인 성적을 내며 결국 역전 우승을 차지하는 데 성공했다.

리그 외에 과르디올라 감독은 맨시티를 이끌고 이미 우승을 차지한 경험이 있었던 리그컵에서 다시 한번 우승을 차지했고 잉글랜드에서 가장 권위가 높은 컵 대회인 FA컵에서도 결승전에서 왓포드를 6 대 0으로 꺾으며 우승을 차지, 잉글랜드 축구 역사상 첫 '자국 대회 트레블'을 달성한 팀이 됐다. 자국에서 우승할 수 있는 모든 메이저 대회 우승을 차지한 이 시즌, 과르디올라 감독의 유일한 아쉬움은 다시 한번 챔피언스리그에서 나왔고, 정확히는 토트넘과의 8강에서 나왔다. 맨시티는 토트넘 원정에서 당한 1차전 0-1 패배에 이어 열린 2차전에서 4-3으로 승리하긴 했으나 합산스코어 4 대 4에 원정다득점 원칙에 의해 **탈락했다.**

이 경기에서 이 시즌 맨시티에서 최고의 활약을 보인 스털링, 베르나르도 실바, 그리고 구단 최고 득점자인 아구에로가 모두 골을 기록했다. 한 가지 특이 사항은, 토트넘이 기록한 4골 중 3골이 손흥민에게서 나왔다는 점이다. 이는 다른 관점에서 보면

결과적으로 과르디올라 감독과 맨시티가 사상 첫 잉글랜드 자국 트레블을 한 시즌, 그들이 '쿼드러플'을 할 수 없도록 저지했던 팀과 그 팀에서 가장 결정적인 역할을 한 선수가 토트넘, 그리고 손흥민이었다는 의미이기도 했다.

09

맨시티 후반기
: 펩 VS 클롭, 또 한 번의 성장

맨시티에서의 첫 세 시즌, 과르디올라 감독은 무관에서 시작해서 자국 트레블까지,
맨시티를 이끌고 확실한 성장을 이끌어 냈지만 아무 경쟁 없이 편안하게 그런
성과를 만들어 낸 것은 아니었다. 마치 바르셀로나 시절에 무리뉴 감독과의 경쟁이
있었듯, 맨시티에서 새로운 왕국을 만들어 가는 과르디올라 감독에게 최고의 경쟁
상대가 된 것은 독일 분데스리가 시절부터 각각 뮌헨과 도르트문트 감독으로서
계속해서 맞붙었던 클롭 감독이었다.

그 두 사람의 경쟁은 맨시티가 자국 트레블을 달성했던 18/19시즌에도 이미
치열했지만, 19/20 시즌에는 다른 양상으로 전개됐다. 결론부터 말하자면 클롭
감독의 리버풀이 과르디올라 감독의 맨시티를 꺾고 리그 우승을 차지한 것이다.
이 시즌 맨시티는 많은 문제들이 겹쳤지만 주전 수비수 라포르테의 부상으로
페르난지뉴가 그 자리를 대신 뛰게 된 상황도 그중 하나였다.

이 시즌 맨시티는 특히 원정에서 자신보다 분명히 한 수 아래의 전력을 가진
팀들에게 덜미를 잡히는 것이 또 다른 큰 문제였는데, 노리치전에서의 2-3 패배와
울버햄튼전에서의 0-2 패배가 대표적이었다. 맨시티와 리버풀의 리그 우승 경쟁
양상을 조기에 판가름할 맞대결은 11월 10일에 나왔는데 리버풀 원정에서
맨시티는 3골을 먼저 실점한 후 1골을 만회하며 1-3으로 사실상 완패를 당하며
무너지고 말았다. 이 경기가 끝난 후 양 팀의 승점 차는 9점 차로 벌어졌고,
맨시티는 이 격차를 끝내 따라잡지 못했다.

이 시즌 맨시티의 불안한 모습도 하나의 원인이었지만 또 다른 관점에서는 클롭
감독 체제에서의 리버풀도 최전성기를 구가하고 있었다. 클롭 감독의 열정적이고
에너지 넘치는 리더십은 리버풀이라는 클럽의 정체성과 꼭 어울렸고 그들은
이 시즌 홈경기 24연승(지난 시즌으로부터 이어서), 21경기에서 20승 1무를
기록하며 5대 리그 역대 최고의 스타트를 포함해서 각종 프리미어리그 신기록을
경신하거나 동률을 이루는 극강의 모습을 보였다.

결국 이미 프리미어리그에서 형성되어 있던 펩의 맨시티 대 클롭의 리버풀의
경쟁에서 이 시즌 맨시티는 리그를 2위로 마치긴 했으나 1위 리버풀에게
18점이 부족한 승점으로 리그를 마감했다. 물론 이 시즌 맨시티는 리그컵에서
우승을 차지하며 우승 트로피와 함께 시즌을 마감했지만, 이는 과르디올라
감독의 기준에서는 결코 '성공'이라고 부르기 어려운 결과였다.

다른 관점에서 볼 때 이 시즌의 결과는 흡사 과르디올라 감독의
바르셀로나에서의 마지막 시즌에 리그 우승을 자신의 최고 경쟁자였던
무리뉴 감독의 레알 마드리드에게 내준 것과도 흡사했다. 이제 남은 것은
과연 과르디올라 감독이 다시 한번 이 '내리막'에서 반등하는 모습을 보여
줄 수 있느냐는 것이었다. 그리고, 과르디올라 감독은 '그것'을 해냈다.

리버풀에 리그 우승 타이틀을 뺏긴 바로 다음 시즌이었던, 21/22시즌
맨시티는 패배로 새 시즌을 시작했다. 과르디올라 감독이 맨시티 감독에
부임한 후로 가장 약한 모습을 보이고 있는 상대인 토트넘, 특히 원정
경기에서 또 패하며 시즌을 시작한 것. 이날 결승골의 주인공은 두 시즌 전
맨시티가 챔스 8강에서 탈락할 때 1, 2차전 합계 3골을 기록한 손흥민이었고,
맨시티가 이 시즌 리그에서 당한 3패 중 2패가 토트넘에 당한 패배였다.

이 시즌 과르디올라 감독은 한 시즌 전인 20/21시즌부터 활용하기 시작했던
'가짜 9번' 전술을 더 자주 활용하기 시작했고, 그 결과 여덟 명의 맨시티
선수들이 6골 이상을 기록하고 아홉 명의 선수들이 4어시스트 이상을
기록하는 이상적인 공격의 분배가 이뤄졌다.

그렇게 진행된 이 시즌의 리그 우승 경쟁은 펩의 맨시티 대 클롭의 리버풀이
벌인 리그 우승 경쟁 중 가장 박빙이었고 가장 극적이었고 가장 마지막까지도
결말을 알 수 없는 전개로 흘러갔다. 직전 시즌 리그 우승을 이어 가고 리그
내 최강 자리를 유지하려는 클롭 감독의 리버풀과 한 시즌 내준 리그 챔피언
자리를 곧바로 되찾으려는 과르디올라 감독의 맨시티는 두 차례의 리그
경기에서 모두 무승부를 거두며 승부를 가리지 못했고, 리버풀이 시즌
후반기에 17경기에서 15승 2무를 거두며 승점 8점 차에서 1점 차까지
따라붙은 상황에서 시즌 마지막 경기까지도 리그 우승 확정자가 없는 가운데
38라운드가 시작되는 상황에 놓였다. 그렇게 시작된 2021/22시즌 마지막
라운드에서 맨시티는 상대 팀 아스톤 빌라에 2골을 먼저 내주며 70분까지
0-2로 끌려갔고 이대로는 리그 마지막 경기에서 우승을 리버풀에 뺏길
상황에 놓이게 됐다.

절체절명의 순간에서 과르디올라 감독의 교체 카드, 그리고 그 주인공이었던
권도안의 능력, 그리고 수년간 맨시티에서 최고의 활약을 했던 케빈
더브라위너의 합작품이 20분 만에 0-2로 뒤지던 경기를 3-2로 뒤집어 놨다.
경기 종료 휘슬이 울린 순간 맨시티는 승점 '1점' 차이로 한 시즌 만에 다시
리그 우승 트로피를 되찾아 왔다.

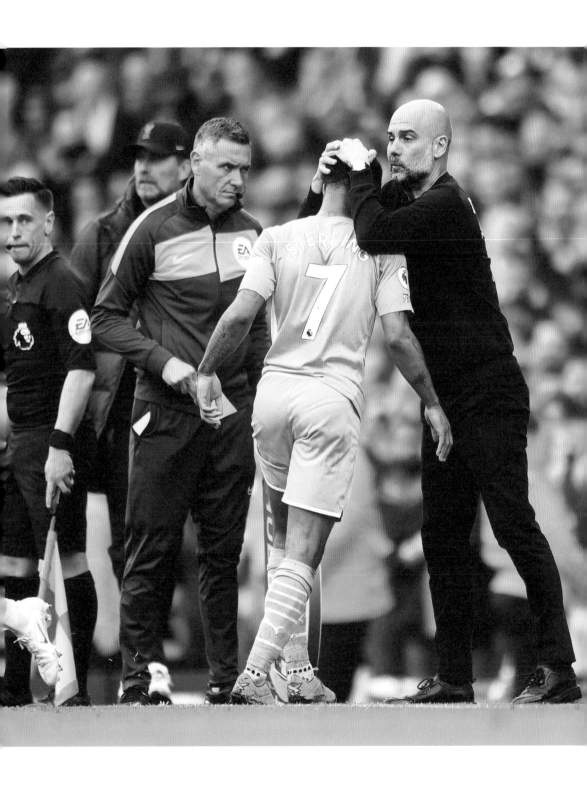

10

트레블 완성

: GOAT 등극한 펩 과르디올라

22/23시즌은 과르디올라 감독이 맨시티를 이끌고 맨시티 구단에 사상 첫 챔스 우승을 안긴 해인 동시에 과르디올라 감독 본인이 바르셀로나를 떠난 후 그에게 달려 있던 의문부호를 청산하고 많은 팬들의 인정 속에 축구 역사상 최고의 감독(GOAT)으로 인정받게 된 해였다. 22/23시즌를 앞두고 맨시티는 도르트문트에서 이미 분데스리가는 물론 유럽 최정상의 공격수로 올라섰던 엘링 홀란드, 또 같은 도르트문트에서 좋은 수비력을 보여 줬던 아칸지 등을 보강하고 새 시즌을 시작했다. 특히 홀란드의 맨시티 합류는 한동안 정통파 스트라이커의 부재 문제를 겪었던 과르디올라 감독에게도 새로운 도전이었고 큰 기대를 받았다. '가짜 9번'을 자주 활용하던 맨시티에 제대로 된 9번 역할을 할 수 있는 홀란드가 영입되었으니 전술의 변화는 불가피했고, 일각에서는 맨시티의 그런 전술 변화와 홀란드가 과연 프리미어리그에서도 성공할 수 있을까라는 부분에 대해 회의적인 시선을 보내는 전문가들도 있었다. 그러나 홀란드는 자신에 대한 의구심을 시즌 초반부터 압도적인 득점 페이스로 지워 버리며 시즌 내내 경쟁자가 없다시피 한 득점 1위를 달리던 끝에 결국 득점왕을 차지했다.

이 시즌, 특히 후반기에 나온 맨시티의 가장 눈에 띄는 전술적 변화 중 하나는
수비수인 존 스톤스를 수비형 미드필더인 로드리와 함께 더블 피봇으로 기용한
것이었다. 이런 변화 속에서 스톤스는 완전히 새로운 능력을 인정받으며 최고의
시즌을 보냈고, 로드리 역시 현재 유럽 최고의 수비형 미드필더 중 한 명으로 확실히
인정받았으며, 그 전술 변화를 시도한 과르디올라 감독의 전술적 역량 역시 다시
한번 인정을 받게 됐다.

시즌 초로 돌아가서 홀란드의 영입은 시작부터 좋은 결과를 냈지만 맨시티 구단
자체의 시작은 그다지 순탄치 못했다. 11라운드에 리버풀 원정에서 첫 리그 패를
당한 후 2월까지 4패를 당하며 그 기간에 놀라운 상승세를 보였던 아르테타 감독의
아스널이 압도적인 리그 1위로 올라섰다. 그리고 그 아르테타 감독의 아스널이
이 시즌 맨시티의 최고의 경쟁 팀이 됐다.

그러나 시즌이 후반부로 접어들면서 아르테타 감독의 아스널이 서서히 하락세에
접어드는 불안한 모습을 노출한 반면, 홀란드가 35리그 경기에서 36골을 기록한
맨시티는 전형적인 과르디올라 감독의 강점 그대로 후반기로 갈수록 강한 모습을
보였고 2월 15일 아스널 홈에서 맨시티의 3 대 1 승, 특히 4월 26일 맨시티 홈에서
맨시티의 4 대 1 승리로 리그 우승의 향방을 완전히 뒤집게 된다.

이 무렵부터 맨시티에게는 유럽 챔피언스리그를 포함한 3개 대회 '트레블'의
가능성이 현실로 다가오기 시작했다.

2023년 4월 이후로 트레블을 향해 도전하는 과정은 과르디올라 감독에게 특히
큰 의미가 있었다. 과르디올라 감독은 챔스 8강에서는 자신의 전 팀이자 챔스에서의
지도력에 의구심이 시작된 팀인 바이에른 뮌헨을 만나 합산스코어 4 대 1로 대파하며
준결승에 올랐다. 준결승에서는 한 시즌 전 챔스 준결승에서 안타깝게 패했던 챔스
최강팀이자 바르셀로나 시절 최고의 경쟁팀이었던 레알 마드리드를 만나 5-1로
결승에 올랐다. 이 두 팀을 상대로 거둔 승리는 과르디올라 감독과 그의 팀인
맨시티가 분명 한 단계 더 성장했다는 것을 보여 주는 증거였다.

리그 우승이 확정된 후 FA컵 결승에서 맨시티가 만나 제압하고 우승을 차지한 상대가
맨유라는 점 역시 상징적이었다. 맨체스터 더비의 상대이자, 과르디올라 감독이
바르셀로나 시절 두 차례 챔스 결승에서 만나 모두 꺾었던 맨유를 상대로 한
우승이었던 것이다. 이 경기에서는 특히, 한 시즌 전 시즌 마지막 경기에서 맨시티의
우승에 결정적인 역할을 했던 권도안이 팀의 2골을 모두 기록하며 맨시티를 떠나기
전 구단의 레전드다운 최고의 작별 선물을 선사했다.

대망의 트레블을 앞두고 맨시티가 만난 상대는 이탈리아 명문이자 무리뉴 감독 시절
과르디올라 감독의 바르셀로나를 꺾고 트레블을 차지한 바 있는 인터 밀란이었다.
대부분의 전문가나 팬들이 객관적 전력에서 한 수 위인 맨시티의 우승을 예상했지만
경기는 예상대로 흘러가지 않았다. 인터 밀란이 완벽하게 맨시티에 맞춘 전술을 들고
나온 상황에서 오히려 경기력 면에서 인터 밀란이 더 우위로 여겨지는 지점도 있었다.
그러나 0 대 0으로 후반전이 중후반부로 이어지던 68분, 이 시즌 맨시티를 넘어 유럽
최고의 수비형 미드필더로 완전히 발돋움한 로드리가 자신에게 흘러나오는 볼을

정확한 슈팅으로 연결하며 맨시티에 1-0 리드를 안겼고, 인터 밀란이 후반 막판에 만든 결정적인 기회를 루카쿠가 놓치는,
인터 밀란의 입장에서는 땅을 칠 만큼 아쉽고 맨시티의 입장에선 과르디올라 감독이 경기 후 기자회견에서 '행운'이라고 부를
만한 장면이 지나간 후, 과르디올라 감독은 12년 만에, 맨시티는 구단 역사상 첫 챔스 우승 트로피의 주인공이 됐다.
과르디올라 감독은 이 시즌의 성적으로 유럽 축구계에서 유일하게 두 번의 트레블을 달성한 감독이 됐다. 이 성과로 인해
바르셀로나를 떠난 후 계속 그를 따라다녔던 챔스에서의 지도력 비판('명장병' 등등)으로부터 자유로워지게 된 그는 경기 후
기자회견에서 "이제야 그동안의 리그 우승과 다른 컵 대회에서의 우승이 제대로 평가를 받을 수 있게 되어 기쁘다"고 밝혔다.

챔스를 제외한 모든 대회에서의 압도적 성과에도, 챔스 성적으로 평가받았던 그가 그동안 안고 있던 부담감을 잘 보여 주는 말이었다. 그리고 맨시티에서 기어코 달성한 트레블을 통해 이제는 과르디올라 감독이 축구 역사상 최고의 감독(GOAT)에 등극한 것과 다름없다는 평가가 각종 축구 전문가들과 팬들로부터 나오고 있다. 아직도 알렉스 퍼거슨 감독을 비롯해 몇몇 위대한 감독들과 과르디올라 감독을 비교하는 목소리는 여전히 존재하지만, 2023년 현재 아직 52세인 과르디올라 감독이 앞으로 10년 이상 감독 커리어를 이어 간 후 은퇴 시점에서 달성했을 더 많은 커리어를 감안하면, 그가 앞으로 감독으로서 만들어 갈 행보는 '전인미답의 경지'라고 봐도 과언이 아닐 것이다.

BUILD-UP
수비로부터 천천히
빌드업을 시작해서
상대를 압박하며 전진

TIQUI-TACA
볼 점유율을 최대한 유지하며
빠른 패스와 끊임없는 움직임으로
공격을 전개

FALSE NINE
가짜 9번 FALSE NINE을 배치하여
전형적인 9번 공격수와 달리
미드필드 라인 위에서 활용

PEP'S
펩 과르디올라의 주요 전략
TACTICS

5
CITY IN THE COMMUNITY
NEXEN TIRE
BERNARDO
20
CITY IN THE COMMUNITY
NEXEN TIRE
NEXEN TIRE
9

11

'인간' 과르디올라를 이해하는
세 가지 키워드
: 유머 / 충성심 / 이노베이터

지금까지 살펴본 선수, 감독이 아닌 '인간' 과르디올라는 어쩌면 선수나 감독으로서보다
오히려 더욱 흥미로운 존재다. 펩 과르디올라라는 사람의 가장 큰 특징이자 매력은
그가 서로 상반되는 것처럼 보이는 특징들을 동시에 지니고 있다는 점이다.
오랜 커리어 속에서 과르디올라 역시 논란이 전혀 없었던 것은 아니지만 그는 분명
감독으로서 경험을 쌓아 가면서 사람으로서도 성숙해지는 모습을 보여 주고 있다.
구체적으로 말하자면 어쩌면 다소 '고지식'하다고 느껴질지 모를 정도로 전통적인 가치를
중시하는 모습(충성심, 헌신, 규율 등)을 보유한 동시에 젊은 감독들에게서 볼 수 있는
부드러운 모습(유머러스함, 유연함, 창의적임 등)을 동시에 보여 주는 사람이 바로
과르디올라 감독이다. 바로 그 점이 과르디올라라는 인물을 더 흥미롭고, 재미있고,
매력적인 사람으로 만드는 요소일지도 모른다.

엄격함과 유연함

가장 대표적인 한 가지 예를 들자면, 과르디올라는 자신의 축구 철학, 축구에 대한
신념 등에 있어 스승인 크루이프를 연상시킬 만큼 엄청나게 '엄격'한 사람이지만
동시에 자신이 요구하는 기본적인 선을 넘지 않는 선수들이나 그가 신뢰하는
선수들에 대해서는 한없이 '유연'하고 또 유머러스한 태도로 부드럽게 넘어가는
사람이기도 하다. 이것은 특히 과르디올라 감독이 감독 커리어에서 갈등을 겪었던
스타 선수들과의 사례에서 가장 잘 드러난다. 그는 감독의 축구 철학을 수용하지
않는 선수나, 그의 말을 그대로 인용하자면 "팀을 위해 헌신하지 않는 선수"는
절대로 용납하지 않고 아무리 높은 명성을 가진 선수도 가차 없이 쳐 낸 전적이
있는 사람이다.

그 가장 대표적인 예가 현재까지도 잊힐 만하면 한 번씩 설전이 오가는 즐라탄
이브라히모비치다. 즐라탄의 바르셀로나 입단 초기엔 큰 문제가 없었지만 두 사람
사이에 곧 문제가 발생했고 몇 차례 직접적인 마찰이 있었는데, 그중 대표적인 것이
2010년 챔피언스리그 준결승에서 바르셀로나가 인터 밀란에 패해 탈락했던 직후의
상황이었다. 훗날 즐라탄은 이 상황에 대해 직접 고백했는데, 그에 따르면 그 경기 후
과르디올라 감독이 자신을 노려봤고 자신도 자제력을 잃고 과르디올라 감독에게
고함을 질렀다는 것이다. 즐라탄은 이에 대해 "보통이라면 그도 나에게 뭔가 대답을
할 거라고 예상하겠지만, 그는 그냥 겁쟁이였다"라고 덧붙였다.

그 후 즐라탄은 과르디올라 감독이 자신을 대한 방식에 대해 "페라리를 사 놓고
피아트처럼 몰았다"라는 표현으로 세계 최고의 공격수인 자신을 제대로 쓰지
않았다고, 또 자신과 문제가 발생했을 때 대화조차 하지 않고 철저히 피하고
배제했다는 점을 세계적인 베스트셀러가 됐던 자신의 자서전을 통해 공개적으로
비판했다. 이 모든 면들은 과르디올라 감독이 자신의 선수생활 그 시작부터 상상할
수도 용납할 수도 없는 일이었다. 선수로서, 감독으로서 유럽 최고의 레전드
그 자체인 요한 크루이프의 발탁을 받아 1군 선수 데뷔를 했던 과르디올라에게
있어서, 또 '충성심', '규율', '헌신' 등을 가장 중요하게 생각하는 그에게 있어 선수가
감독의 전술 지시를 이행하지 않는다거나, 항명을 한다거나, 고함을 친다든가 하는
것은 받아들일 수가 없는 상황이었다. 무엇보다 과르디올라는 특정 선수를 중심으로
팀을 만들기보다 감독이 구상하는 계획과 전술에 맞춰 선수들이 뛰는 것을 축구의
기본으로 삼는다. 당시 과르디올라 감독이 즐라탄에 대한 방법이 옳았는가 아닌가
하는 것은 축구팬들이 판단할 영역이나, 즐라탄과의 일화는 과르디올라 감독이
감독으로서, 그 이전에 인간으로서 중요하게 여기는 가치들이 무엇인지를 잘
보여 주는 일화였다.

즐라탄과의 이슈, 또 이외에 그와 갈등을 겪거나 그가 팀에서 내보낸 몇몇 스타
선수들의 경우 등을 통해 한동안 과르디올라 감독은 지나치게 차갑다거나 매정한
사람처럼 여겨진 때도 있었고, 어느 정도 그가 사람과의 관계보다 감독으로서의 일,
팀의 전술 등을 먼저 생각하는 사람이 아닌가라는 의문부호도 달릴 수 있다.

그러나 선수, 감독 커리어 전체를 놓고 보면 그와 정반대되는 모습을 보여 주기도 했던 것이 과르디올라다. 이 책의 앞 장에서도 언급한 리오넬 메시의 2008 올림픽 참가를 가장 적극적으로 도왔던 것 역시 그였고, 맨시티 시절 클럽 레전드인 다비드 실바가 개인적으로 힘든 시간을 보낼 때 모든 선수들에게 그를 위해 뛰고 그를 위해 이기자고 독려하는 장면들은 오히려 '냉정 혹은 매정한 차가운 사람'이라는 시선의 정반대되는 모습이기도 하다. 이 장의 서두에 언급한 것처럼 이렇게 정반대되는 것 같은 모습을 동시에 지니고 있는 것이 바로 과르디올라 감독의 특징. 혹은 그의 매력이다.

또 가장 최근의 한 예로 2022/23시즌 맨시티가 트레블을 향해 갈 때 맨시티 핵심 미드필더 케빈 더브라위너가 경기 중에 과르디올라 감독을 향해 "닥쳐(Shut up)!"라고 외치는 모습이 카메라에 잡히며 화제가 된 일이 있었다. 선수가 감독에게 그런 말을 한다는 것 자체가, 또 스타 선수들을 과감히 쳐 낸 전적이 있는 과르디올라 감독에게 그런 말을 했다는 것 자체가 어떻게 보면 문화충격처럼 느껴질 수도 있지만 과르디올라 감독은 오히려 경기 후 기자회견에서 그에 대해 말하며 '쿨'하게 넘기는 모습을 보여 줬다. 설명하자면 과르디올라 감독에게 있어 더브라위너는 기본적으로 감독의 철학이나 규율을 무시하는 선수가 아닌 것이다. 경기 중 '에너지가 넘치는' 상황에서 그런 장면이 종종 나오는 것일 뿐. 그리고 그런 장면 역시 과르디올라에겐 더브라위너가 "팀을 위해 헌신하는 모습" 중 일부로 느껴지기 때문에 그것을 문제 삼기보다 오히려 환영한다며 수용할 수가 있는 것이다. 그것이 어떤 선수에겐 냉정할 만큼 엄격하고 어떤 선수에겐 한없이 유연한 과르디올라 감독의 '두 모습'의 가장 큰 기준이고, 또 한 가지 다른 이유가 있다면, 과르디올라 감독 자체가 나이가 들고 감독으로서 경험이 쌓일수록 점점 더 부드러워지는 과정에 있다는 점 정도가 있을 수 있다.

"

나는 케빈의 그런 모습이 아주 좋았다.

우리는 서로에게 소리를 쳤는데

나는 그런 걸 좋아한다.

때로는 경기 중에 무덤덤해질 때도 있는데,

이런 에너지도 필요하다.

그는 훈련장에서도 종종 그럴 때가 있다.

우리에게 필요한 부분이다.

그 후에 그는 세계 최고가 됐다.

"

충성심 忠誠心

인간 과르디올라를 논할 때 또 한 가지 절대 빼놓을 수 없는 대목은 '충성심'이다.
이것은 그가 선수들에게 '팀에 대한 헌신'을 요구하는 그 바탕에 깔려 있는 것으로,
그 스스로 자신의 인생을 통해 그런 모습을 계속해서 보여 주고 있다는 점에서
의미가 있다.

특히, 과르디올라는 자신의 출생 지역이고 자신의 첫 클럽의 연고지인 카탈루냐의
독립 문제, 또 바르셀로나라는 클럽에 대한 엄청난 충성심을 계속해서 보여 왔는데,
그중에서도 그가 세계적인 명장이 된 후에도 카탈루냐의 독립 지지 연설을 하는 등,
계속해서 그를 위해 앞장서서 나서고 있다는 것이 가장 대표적인 예다.

사실 세계적인 축구인이 국가적 차원의 문제 혹은 정치적 문제에 그처럼 적극적이고
공개적으로 활동하는 예도 찾아보기가 쉽지 않다. 스페인 언론 일각에서는 그가
선수 시절부터 보여 온 카탈루냐에 대한 절대적인 사랑과 충성심이, 스페인의 다른
지역 출신 선수들과의 갈등으로 이어진 경우도 있었다고 보는 시각도 있다.

특히 과르디올라는 1992년 스페인 올림픽 우승 당시 주장이었고 팀의 핵심
선수였는데도, 그 당시 멤버들끼리 공유하는 단체 채팅방(왓츠앱)에서 제외됐다는
이야기가 스페인 언론에서 나온 적이 있었다. 그때 그 원인으로 제기된 것도 바로
스페인 내부의 카탈루냐 독립 문제에 대한 각 지역별 선수들 간의 갈등과 의견
차이였다. 그로 인해 스페인 대표팀에서 과르디올라와 함께 뛰었던 선수들 중
과르디올라가 정치적 이슈('카탈루냐 독립')에 공개적으로 나서는 것을 비판하는
사례도 종종 발생하고 있으나, 그럼에도 불구하고 과르디올라는 카탈루냐 독립
지지에 대한 이슈가 불거질 때마다 가장 앞장서서 그를 지지하고 세계에 호소하는
역할을 계속해 오고 있다. 그가 바르셀로나를 떠날 때 스페인의 다른 클럽으로
이적은 고려한 적이 없느냐는 질문에 "그럴 일은 절대로 없었을 것이다.
스페인의 다른 팀으로 가느니 차라리 나는 은퇴를 했을 것이다"라고 답한 발언 역시
과르디올라의 인생을 다룬 현지 다큐멘터리 영상을 볼 때 자주 등장하는 유명한
장면이다. 그는 바르셀로나라는 클럽에 대한 충성심을 단순히 '말'이 아닌, 시간이
흘러 4부 리그에 있던 팀을 한 시즌 만에 승격시키고 그 후 1군 팀을 이끌고 이뤄 낸
수많은 성과들로 증명했다. 그의 그런 모습은 현재 클럽인 맨시티에서도 계속 나오고
있고, 앞으로도 그럴 것이다.

유머러스함, 열린 사고방식에서 나오는 혁신

2009년이 아닌 2023년 시점에서 펩 과르디올라라는 인물을 볼 때, 특히 감독 시절
초기의 그와 현재의 그를 놓고 볼 때 가장 두드러지게 나타나는 특징은 무엇보다도
그 특유의 '유머러스함'이라고 할 수 있다. 어쩌면, 이것은 그가 어머니에게서 타고난
유전적인 영향일지도 모르는데, 그의 친모는 아들에 대한 다큐멘터리에 출연해서 아주,
아주 차분한 표정으로 이런 말을 남겼다.

우리 아들은 신경을 너무 많이 써요. 일주일에 7일 하루에 24시간 축구만 생각하죠.
그래서 결국 대머리가 됐어요.

과르디올라의 유머러스함이 친모의 영향이든 아니든 그 문제를 떠나서 그는 현재
전 세계 축구계에서 가장 '웃기는(재미있는)' 감독 중 한 명이다. 이 모습은 맨시티에서
시간이 지날수록 점점 더 자주 드러나고 있는데 맨시티가 트레블을 달성했던 2022/23
시즌에는 기자회견만 기준으로 보더라도 수차례 기자회견장에 모인 기자들을 폭소하게
만드는 입담을 과시했다. 가장 대표적인 장면만 뽑아 보더라도 아래와 같다.

감독님의 '좋은 친구' 즐라탄이 홀란드의 성공은 과르디올라 감독이
에고를 꺾어야 가능할 것이라고 말했는데, 어떻게 생각하십니까?
그의 말이 맞습니다. 저는 홀란드에게 너무 질투가 나요. 관심이 그에게 다 가니까요.
홀란드에게 골 좀 그만 넣으라고 했습니다. 데일리메일, 더선이 오직 제 이야기만
하도록이요. 너무 질투가 납니다. 즐라탄, 책 한 권 더 써도 되겠어요!

오늘 후반전 이른 교체가 승리에 기여한 것 같습니다.
네, 저는 천재입니다. 저번 기자회견에 한 기자가 저한테 선수 교체를 왜 그렇게 늦게
했냐고 질문하길래 잘 메모해 놨다가 그를 떠올리며 오늘은 후반전 일찍 교체를
했습니다. (기자들 전원 웃음)

한 번도 경질된 적이 없으신데, 비결이 있으신가요?
제가 비결을 알려 드리죠. 우리는 이깁니다. 제가 많이 진다면 저도 경질당하겠죠.
딱히 다른 비밀이 있다거나, 혹은 제 헤어스타일이 다른 감독들보다 멋져서 그런 것이
아닙니다.

감독님, 지난 경기 패배 이후 오늘 분위기를 잘 바꾸신 것 같습니다.
우리를 의심했어요? 솔직히 말해 봐요, 리버풀 팬이죠?

맨유 팬인데요….
웁쓰… 미안합니다, 제임스.

끝으로, 그에 대한 책을 마무리하면서 그의 가장 큰 강점인 끊임없는
혁신과 자기 발전에 대해 논하지 않을 수 없다. 그리고 그 바탕이 되는
것은 무엇보다도 항상 열려 있는 그의 마음가짐에 있다. 이 부분은
이 책을 쓴 필자가 기자회견 현장에서 그에게 질문을 하면서도 몇 차례
직접 느낄 기회가 있었는데, 그는 처음 보는 아시아 출신 기자인
필자에게 기자회견 중 질문을 받고도 아무런 어색함 없이, 마치
오래전부터 질문을 주고받던 사람을 대하듯 정중하면서도 편안하게
답변을 하는 모습을 보여 줬다. 취재 현장에서 처음 마주치는 사람에게도
항상 열려 있고 친근하게 대하는 모습이 당연한 것처럼 보일지도
모르겠지만, 실제로는 권위적인 몇몇 감독들의 경우 자신이 인지하지
못하는 기자가 질문할 경우 퉁명스럽게 답을 한다든지, 권위적인 모습을
보이는 경우가 꽤 발생하는 것이 EPL 및 유럽 취재 현장이다.
그러나 과르디올라 감독은 '세계 최고의 감독'이라는 명성으로 불리는
감독임에도 불구하고 전혀 그런 면이 없었다. 필자가 5년간 EPL 현장을
취재하는 동안 맨시티와 과르디올라 감독의 경기를 직간접적으로 접할
때마다 느낀 그의 가장 큰 특징은 바로 이 부분이었다. 그 이외에도
과르디올라 감독은 맨시티 입단 이후 맨체스터 출신 세계적인 뮤지션인
노엘 갤러거(전 오아시스 리더이자 멤버)와 인터뷰를 하거나,
애플 TV의 유명 드라마 '테드 래소(Ted Lasso)'에 카메오로 출연하는 등
문화인들과의 교류나 직접 영상물에 출연하는 등의 시도도 계속해서
하고 있다. 그는 특히 테드 래소 출연 경험에 대해서 아래와 같이 말했다.

"

우리 작은 딸 발렌티나, 제 아내, 저까지
모두 그 쇼를 아주 좋아합니다. 그래서 저에게
출연 제의가 들어왔을 때 거절할 이유가 없었죠.
배우들을 직접 만날 수도 있었으니까요.
그리고 그 쇼에 출연하고 맨시티에 대해
세계에 알릴 수 있어 아주 자랑스러웠습니다.

"

수개월에 걸쳐 이 책을 작성한 저자로서 과르디올라는 사람에 대해
느끼는 가장 큰 특징은 이 챕터의 서두에 적은 그대로다. 과르디올라는
사람은 인생과 세상의 고전적 가치들, 또 그와 반대되는 것처럼 보이는
열려 있는 사고방식과 유연함을 동시에 갖고 있는 사람이다. 그리고
그의 그런 인생관이나 캐릭터가 그가 구사하는 축구에도 그대로
투영되고 있다.

@MURWALLS

10년 후, 100년 후, 축구 역사에 남을 세계 최고의 명장 중 한 명, 어쩌면 그를 넘어 세계 최고의 명장(GOAT)으로
남게 될 과르디올라의 전술이 무엇인가? 하는 질문에 한마디로 답하기 어려운 이유도 바로 거기에 있다.

과르디올라의 전술은 기본적으로 그의 스승인 크루이프의 전술에 그 뿌리를 두고 있지만 결코 어느 지점에서 정체하지
않고 계속해서 변화하고 또 진화하고 있다. 어쩌면 그의 전술을 한마디로 정의할 표현은 '없다'고 보는 것이 옳을지도
모른다. 그는 전술을 정해 두고 거기에 선수들을 끼워 맞추지 않는다. 자신의 전술적 역량과 팀의 모든 선수들을 펼쳐
놓고 마치 하얀 스케치북 위에 새 그림을 그리듯 '승리'와 '우승'을 위해 가능한 최선의 전술을 찾고 또 찾는다. 그것이
펩 과르디올라라는 선수, 감독, 인간이 지금까지 걸어온 길이며, 그가 축구 역사에 영원히 남을 만큼 큰 성과를 남긴
이유이며, 앞으로도 더 많은 성공을 거둘 것이라 예상하는 게 어렵지 않은 이유이다.

GOAT

COLUMN 이 책의
원고를 마감하고, 출간을
눈앞에 둔 2023년 7월 22일, 필자는 일본 도쿄에서 열린 맨체스터
시티 기자회견에서 펩 과르디올라 감독에게 직접 질문할 기회를 다시 한번 얻었다.
그에게 이 책의 전체 주제를 관통하는, 또는 지금 현재 가장 그에게 어울리는 수식어인 GOAT
에 대해 물었다. 이 질문과 답변 사이에는 작은 해프닝도 있었는데, 이 책의 독자들에게 현장의
상황을 최대한 생상하게 살려 그대로 전달한다.

GOAT *GREATEST OF ALL TIME* 특정 분야에서 활동한 역사상 최고의 인물을 의미하는 용어로, 온라인상에선 존경의 의미로 철자가 같은 염소(goat) 이모티콘을 보내기도 한다.

LEE 감독님, 두 번째 트레블을 달성한 것을 축하드립니다.

PEP 고맙습니다.

LEE 이번 트레블 이후에 많은 전문가들이나 팬들이 감독님을 *GOAT*라고 부르고 있는데요,
　　그에 대한 솔직한 생각을 여쭤볼 수 있을까요?

　　(펩 감독이 *GOAT*를 *God*으로 오해했고, 통역사마저도 '신神'이란 뜻의 일본어 '카미かみ'라고 옮겨 소통에 오류가 생김.)

PEP 저는 신이 아닙니다. 그렇게 되고 싶은 마음도 없고요.

　　(*God*이 아니라 *GOAT*라고 미디어 오피셜 채널에서 알려 주자)

PEP *GOAT*도 아닙니다. (웃음) 저는 저 자신에 대해 아주 잘 알고 있습니다. 지금도 저는 스스로에 대해서 많은 의구심을
　　가지고 있기 때문에, 제가 *GOAT*라고는 전혀 생각하지 않습니다. 제가 커리어에서 성공을 거둘 수 있었던 이유는,
　　전에도 몇 차례 이야기했었지만, 제가 과거에 바르셀로나에서 위대한 선수들과 함께 있었고,
　　뮌헨에서도 최고의 팀 중 하나와 함께했고, 또 맨체스터 시티에서도
　　누구도 예상하지 못했던 엄청난 성과를 만들고 있기 때문입니다.
　　우리는 우리를 한 단계 더 높게 끌어올리고 있습니다.
　　맨시티는 정말 훌륭한 클럽이고, 조직입니다.
　　그것이 제가 성공을 거둔 이유고 그 이외의
　　어떤 이유도 없습니다.

이 기자회견에서 펩 감독의 발언은 곧바로 일본뿐
아니라 유럽의 많은 언론사를 통해 기사로 전파됐고,
많은 팬들이 펩의 발언을 아주 훌륭한 겸손의 발언으로
여기고 있다. 어쩌면 '최고의 선수들과 훌륭한 시스템
덕분에 자신이 성공할 수 있었다'는 그의 발언을,
말 그대로의 사실이라고 여기는 팬들도 있을 것이다.
하지만 그의 말을 어떻게 해석할 것인지와 이 책을
읽고 그의 커리어와 그가 보여 준 감독으로서의 모습,
사람으로서의 모습을 어떻게 평가할 것인지는 온전히
독자가 판단할 부분이다. 또한 같은 맥락에서 '과연
과르디올라는 축구 역사상 *GOAT*라고 불릴 만한
감독일까, 아닐까?' 역시 필자가 아닌, 독자들이 평가할
부분일 것이다. 그렇게, 펩 감독에게 필자가 직접 묻고
직접 답을 받은 이 내용을 끝으로 이 책을 마친다.
이 책의 모든 내용과 출간 직전에 필자와 펩 감독이
직접 주고받은 담화가 독자 여러분께서 펩을 좀 더
자세히, 가깝게 느끼는 데 작은 도움이 되길 빌며.

PRAISES FOR GUARDIOLA

맨시티가 단지 많은 돈을 들였기 때문에 잘하고 있다고 생각하는 이들도 있다.
하지만 프리미어리그에는 비슷한 수준의 투자를 지원받고도
과르디올라처럼 높은 수준의 축구를 구현해 낸 지도자는 없었다.
과르디올라 버전의 축구는 환상적이다.
사람들은 그가 맨시티에 바르셀로나 스타일의 축구를 이식했다고 생각하지만,
그건 바르사가 아니라 펩 자신의 DNA를 이식한 것으로 보는 편이 더 옳다.

로날드 쿠만 / 전 FC 바르셀로나 · 현 네덜란드 대표팀 감독

펩 과르디올라는 혁신가다. 우리 세대 최고의 감독이다.
과거에는 요한 크루이프가 최고의 감독이었지만, 현재는 펩이 최고다.

리오 퍼디난드 / 전 맨체스터유나이티드 · 잉글랜드 대표팀 선수

과르디올라와 클롭은 축구에 진보를 가져온 위대한 감독들이다.
그런 감독들이 없다면 축구는 사라질 것이다.
그들이 하는 축구는 과거 나의 축구와 유사하다.
내가 지도한 밀란은 혁신적인 팀이었다.
지금은 과르디올라와 클롭의 팀이 그런 혁신을 지속하고 있다.

아리고 사키 / 전 AC 밀란 · 이탈리아 대표팀 감독

그는 의심의 여지 없이 최고의 반열에 오른 감독이다.
과르디올라 감독과 함께하는 선수들의 능력이 뛰어난 것도 사실이지만,
자존심이 강한 선수들을 잘 관리하는 것도 감독의 능력이다.
맨시티에는 훌륭한 선수들이 많지만,
클럽에서 가장 중요한 사람은 과르디올라라고 생각한다.

로이 킨 / 전 맨체스터유나이티드 · 아일랜드 대표팀 선수

나는 과르디올라 감독을 존경한다.
그와 대결을 펼칠 때마다 이기고 싶었다.
펩은 현시대 세계 최고의 감독이다.
이는 내 솔직한 의견이며, 100% 진심이다.

위르겐 클롭 / 리버풀 FC 감독

잉글랜드 축구를 바꿀 수 있는 인물이 있다면, 그것은 과르디올라 감독일 것이다.
최고 감독 한 명이 큰 혁명을 일으킬지도 모른다.
벤치에 있는 과르디올라 감독의 모습을 보면 축구에 대한 열정이 느껴진다.
바르셀로나는 언제나 최고의 감독들이 이끈 팀이었지만,
그중에서도 과르디올라는 혁명을 일으킨 감독이었다.
그리고 그 혁명이 전 세계로 퍼졌다.

사비 에르난데스 / 전 FC 바르셀로나 선수 · 현 FC 바르셀로나 감독

감탄스럽다. 과르디올라 스타일의 아름다운 축구는 누구도 모방할 수 없다.
펩이 바르셀로나, 바이에른 뮌헨, 맨시티에서 선수 덕을 봤다고 말하는 사람들도 있다.
하지만 자신이 창조한 스타일을 구현하는 과르디올라의 능력은
선수들보다 훨씬 더 중요하다. 그의 축구는 분석할 수 없는 미스터리다.
잘된 것을 보고 모방하며 이해하려 노력하지만,
과르디올라 축구를 따라 할 수는 없다.

마르셀로 비엘사 / 전 리즈 유나이티드 · 아르헨티나 대표팀 감독

PRAISES FOR GUARDIOLA

맨체스터 시티의 트레블은 잉글랜드 축구 사상 최고의 일 중 하나라고 할 만하다.
과르디올라가 끼친 영향력은 맨체스터 시티, 프리미어리그에만 있지 않다.
잉글랜드 대표팀에도 긍정적이다.
그가 지도한 어린 잉글랜드 선수들이 훌륭히 성장해
국가대표팀에서도 주축 선수로 활약하며 그의 축구를 널리 전하고 있다.
웨인 루니 / 전 맨체스터유나이티드 선수 · 현 DC유나이티드 감독

과르디올라는 끊임없는 고뇌를 통해 미제를 해결하듯
축구라는 불완전한 과학을 풀어낸 인물이다.
플레이스테이션 게임과 같은 축구, 그런 축구를 만드는 감독이다.
안드레아 피를로 / 전 AC밀란 · 유벤투스 선수

과르디올라는 내가 함께했던 감독들 중 최고였다.
그가 계획하고 준비한 것들은 항상 모두 이뤄졌다.
리오넬 메시 / 전 FC바르셀로나 · 현 아르헨티나 대표팀 선수

과르디올라를 향한 말말말

과르디올라가 말하는 축구, 감독 그리고 삶

"

축구에서, 가장 나쁜 것은 핑계를 대는 것이다.
핑계를 댄다는 건 더 이상 성장할 수 없고 전진할 수 없다는 것을 의미한다.

공을 소유하는 것 자체가 곧 수비이다.
우리가 공을 갖고 플레이할 때, 상대는 공격을 할 수 없기 때문이다.

위험을 감수하지 않는 것만큼 위험한 것은 없다.

매번 우승 트로피를 들어 올리겠다는 약속을 할 수는 없지만,
사람들이 우리를 보고 자랑스럽게 여기도록 만들 것이다.

훈련을 대충대충 하면, 플레이도 나쁘게 나올 것이다.
트레이닝 때 야수처럼 미친 듯이 훈련에 임한다면,
경기장에서도 그와 똑같은 플레이가 나올 것이다.

나는 나 자신을 바르셀로나에서 증명했다.
그리고 이후 독일에서도 내 존재를 입증했다.
잉글랜드에서도 그렇게 나를 보여 줄 수 있기를 원한다.

열다섯 번의 좋은 패스가 시퀀스를 이룰 수 없다면,
수비와 공격 사이의 좋은 전환이라는 것은 불가능하다.

사람들은 항상 감독이 한 클럽 내에서 가장 강한 사람,
즉 보스일 거라고 생각하지만, 사실 감독이 제일 약한 사람이다.
감독들은 실제로 축구를 하지도 않는 사람들,
즉 미디어와 팬들에게 공격받고 상처 입는다.
미디어와 팬은 '감독 비난'이라는 공통의 목표를 갖고 있다.

나에게는 예상이나 선입견이 필요하지 않다.
나는 가능한 한 많은 것들을 배우고 싶다.

내가 완벽주의자라고?! 그게 내가 하는 감독이라는 직업의 일부분이다.

"

EPILOGUE

Fasten your seat belt

내가 전에 있었던 클럽에 남았다면 편할 수는 있었겠지만,
나는 이곳에 오는 것이 옳은 결정이라고 생각했다.

2017년 맨시티 감독 취임 후 첫 기자회견에서 과르디올라 감독이 한 말이다.
그의 말 그대로, 만약 그가 뮌헨에 남았다면, 혹은 바르셀로나에 남았다면
그의 커리어는 더 편안했을지도 모른다. 그러나 그가 수많은 우여곡절과 그를
따라다니던 의문을 결과와 기록으로 입증하는 일은 불가능했을지도 모른다.
그런 의미에서 과르디올라는 도전자이고, 도전자인 동시에 챔피언이다.
그리고 그에게는 여전히 새로운 목표에 도전할 시간이 10년 이상 남아 있다.
그가 미래에 또 어떤 새로운 행보를 보여 줄지 전 세계 축구팬들이 즐겁게
목격할 일만 남았다. 필자는 이 책을 쓰는 과정에서 현재 세상에 존재하는
과르디올라에 대한 모든 공식 다큐멘터리 영상을 확보해서 시청하고 연구했다.
그 과정에서 그 다큐멘터리 영상들의 제목 하나하나가 그의 축구 인생을 한 줄로
함축하는 것이라 참 절묘하다는 생각을 했는데, 한 예로 스페인에서 나온 다큐멘터리
영상의 영문 제목은 "Take the ball, Pass the ball"이었다. 무슨 제목이 저래?
싶을 수도 있는 평범한 제목 같지만 그렇지가 않다. 볼을 잡고(점유), 패스하는
펩 과르디올라 축구의 기본을 한 문장에 담은 절묘한 제목의 다큐멘터리였다.

그 외에 모든 다큐멘터리 영상들 중 필자가 가장 인상 깊었던 제목은 "Fasten
your seat belt(안전벨트를 꽉 매라)"라는 제목인데, 과르디올라 감독이 팬들에게
앞으로 우리는 재미있는 여정을 함께할 테니 기대하라는 정도의 의미로 했던
발언이다. 참으로 과르디올라 감독에게 어울리는 한 문장이다.
필자는 지금 이 에필로그 역시 맨시티의 기자회견장에서 (VS 뮌헨) 쓰고 있는데
과르디올라 감독은 언제 봐도 재미있는 인물이다. 변화무쌍하고 예측 불가하다.
어느 날은 기자회견장에 피곤하다고 써 있는 얼굴로 입장해서 무뚝뚝하게 답변을
하다가도, 갑자기 '유머 모드'가 발동되어 기발한 발언을 하기도 한다. 정해진 것이
없고 항상 새롭고 재미있으며 그러면서도 결국에는 결과를 만들어 내는 것이
과르디올라라는 사람이고 그의 축구다.

재미있는데 성공적이다. 그것도 세계에서 최고로, 축구 역사상 최고의 수준으로.
축구에서 더 이상 바랄 것이 있을까? 그것이 필자가, 독자 여러분이, 우리 모두가
펩 과르디올라라는 인물을 더 자세히 알고 더 잘 알고 더 많이 즐겨야 하는 이유다.
그러므로 독자 여러분, 모두. 안전벨트를 꽉 매시고 과르디올라의 미래를 지켜보시라.
분명히, 재미있을 테니까!

Pep
Guardiola

1ST PUBLISHED DATE 2023. 8. 18

AUTHOR Sunsoo Editors, Lee Sungmo
PUBLISHER Hong Jungwoo
PUBLISHING Brainstore

EDITOR Kim Daniel, Hong Jumi, Park Hyerim
DESIGNER Champloo, Lee Yeseul
MARKETER Bang Kyunghee
E-MAIL brainstore@chol.com
BLOG https://blog.naver.com/brain_store
FACEBOOK http://www.facebook.com/brainstorebooks
INSTAGRAM https://instagram.com/brainstore_publishing
PHOTO Getty Images

ISBN 979-11-6978-013-1(03690)

PEP GUARDIOLA